主 办 / 中山大学港澳珠江三角洲研究中心
中山大学粤港澳发展研究院
资 助 / 教育部人文社会科学重点研究基地
广东省“理论粤军”项目

當代港澳研究

STUDIES ON HONG KONG AND MACAO

陈广汉　黎熙元／主编

2019年第2辑

（总第63辑）

目 录
CONTENTS

粤港澳大湾区

港澳教育与青年

智库专题

港澳政治

粤港澳大湾区

粤港澳科技创新与创业跨境合作的财税支持机制研究

——基于广东自贸区粤港澳科创平台的调查*

艾德洲**

摘　要： 粤港澳科技创新与创业合作既是粤港澳经济合作新模式的重要内容，也是解决港澳青年就业创业问题的重要途径，更是下阶段落实中共中央关于创新发展战略和湾区发展战略的重要举措。广东省各级政府为此提供了较全面的财税支持政策。然而，调研发现，在中美贸易摩擦背景下，粤港澳科技创新与创业合作的“以财补税”模式存在着外部风险与内部问题，运行机制也有待完善。在问题分析的基础上，本文有针对性地提出了五点优化建议。

关键词： “以财补税”模式　科技创新与创业　需求差异性　财税支持机制

---

* 本研究获得广东省财政科学自主研究课题“支持粤港澳科技创新与创业合作的‘以财补税’模式研究”（Z2018035）资助。

** 艾德洲，东北财经大学辽宁（大连）自贸区研究院副教授，主要研究方向为产业理论与自贸区产业政策。

一　问题的提出与由来

有研究表明，粤港澳科技合作对于广东产业转型升级有积极促进作用。[①] 科技是第一生产力，科技创新是产业结构优化和区域竞争力提升的核心要件[②]，科技创新与创业合作一直以来都是粤港澳区域合作的重点内容。《内地与香港（澳门）关于建立更紧密经贸关系的安排》（*Closer Economic Partnership Arrangement*，CEPA）及其升级版针对粤港澳科技创新与创业合作有 6 条相关内容，对合作领域、合作方式、合作保障等提出了明确的发展思路。尤其是在广东自贸试验区成立以来，粤港澳科技创新与创业合作成为自贸试验区的重点工作，政府和各类孵化平台都投注了大量的精力。虽然目前粤港澳科技创新与创业合作已经没有了难以逾越的制度障碍，但粤港澳科技创新与创业合作还处于探索阶段。究其原因，除粤港澳人员往来、文化、法律法规、创业咨询习惯等存在差异外，科技创新与创业领域正外部性特征与沉淀成本补偿不到位的矛盾也亟须得到解决，这就需要政府的扶持和正确引导。调研中，项目组还发现，粤港澳科技创新与创业跨境合作团队具备年富力强的特点，创业时期通常是团队成员人生和事业发展加速期。对于具有创业热情的港澳科技创新与创业团队，不确定性大也预示着机会成本较大。科技创新与创业领域的高风险和参与科技创新与创业事业的高昂机

① 王鹏：《基于粤港澳产业科技合作的广东产业转型升级研究》，《科技管理研究》2010 年第 3 期。

② 王华、龚珏：《完善支持科技创新的财税政策　推动产业结构调整》，《税务研究》2013 年第 3 期。

会成本成为制约港澳团队在内地创业的主要因素。无论是从理论上分析，还是从实践中调研，研究者都发现，粤港澳科技创新与创业合作的性质都属于经济活动和市场行为，因此粤港澳科技创新与创业合作问题是经济问题而非制度问题。作为具有经济正外部性的领域，粤港澳科技创新与创业合作需要政府扶持，并且这种政府扶持在理论上和发达国家的实践经验中都具备必要性和正当性。

习近平同志在十九大报告中强调，在新时期“一国两制”、港人治港、澳人治澳的大原则下，要支持香港、澳门融入国家发展大局，以粤港澳大湾区建设、粤港澳合作、泛珠三角区域合作等为重点，全面推进内地同香港、澳门互利合作，制定完善便利香港、澳门居民在内地发展的政策措施。随着粤港澳三地经济合作的不断深入，社会融合的步伐越来越滞后，而中青年在社会融合中扮演着至关重要的角色。深化科技创新与创业合作既是粤港澳经济合作新模式的重要内容，也是解决港澳青年就业创业问题的重要途径，更是下阶段落实中共中央“十三五”发展规划关于创新发展战略和开放发展战略的重要建设举措。[①] 粤港澳科技创新与创业合作有利于改变对港政策“只惠大不惠小”的局面，有利于港澳中小创业者了解国情，找寻上升通道，实现民心回归。从国家战略的角度看，服务港澳青年融入内地发展大局的战略意义不亚于服务港澳融入内地发展大局，并且新时期社会融合、和谐发展的重要性已经超越了纯粹的经济发展。为实现民心回归，政府有必要提供财税支持，为粤港澳科技创新与创业合作等重点工作提供引导支撑。

---

① 周运源：《创新发展、深化粤港澳科技合作的再思考》，《华南师范大学学报》（社会科学版）2017 年第 3 期。

财税政策是国家调控的重要手段，对于既有内在需要又有战略需要的重点领域，对其予以财税支持成为地方政府的必然选择。[①]然而由于体制机制所限和出于顶层设计的全面考虑，税收政策的调整难度较大，并且很难实现因地制宜和因时制宜。综合来看，税收政策相对财政支持政策，对总体性的考虑多于时效性；在服务港澳青年民心回归和港澳融入内地的国家意志下，财政政策可以更加灵活，可以有效降低特定领域的成本，为粤港澳科技创新与创业合作提供引导支撑。尤其是在区域竞争加剧、实施开放型经济新体制的背景下，财政政策的精准支持意义进一步凸显，为此，广东各地方政府结合粤港澳三地重点发展产业中不同行业的双创企业的降成本需求，制定了更加灵活且覆盖面更广的“以财补税”政策，为粤港澳科技创新与创业合作提供有效支持，以便集中优势资源培育旗帜性发展亮点，更好地服务国家粤港澳区域融合战略。粤港澳科技创新与创业合作的“以财补税”模式便由此而来。

二 粤港澳科技创新与创业“以财补税”模式的问题分析

（一）外部风险：跨境合作暗藏国际投资规则隐患

2018 年 6 月初，随着中兴事件逐步缓和，学术界认为中美贸易摩擦也已经阶段性缓和。然而，6 月中旬，美国政府又抛出了涉及 2000 亿美元的贸易谈判筹码，额度的提升备受关注，但更加值

① 聂颖：《支持科技创新投资行为的财税政策选择》，《财政研究》2013 年第 1 期。

得关注的是，美国此次针对中美贸易平衡问题具有了更强的贸易结构指向性。综合近两次中美贸易平衡谈判的具体细节来看，对于科技产品和科技服务的谈判焦点都在于准入、知识产权的保护和合理竞争。而从准入、知识产权保护到竞争贯穿于科技企业发展的全过程，是明显的治理规则输出。以 TPP 和目前的中美贸易谈判为例，美国等发达国家都明确提出新兴经济体要缩减甚至减免对国有企业和基础行业的财政补贴，以便改善对国际竞争和跨境合作造成的不平等。粤港澳科技创新与创业合作涉及跨境合作，从市场行为的层面看，对粤港澳科技创新与创业合作企业的财政补贴涉及对外资补贴范畴，是对特定境外区域提供特殊国民待遇，在中美贸易摩擦不断升级的背景下，跨境合作暗藏的国际投资规则隐患有被放大的风险。在新一轮改革开放中，广东省被赋予“两个窗口”的功能，正在加快打造一流营商环境和建设一流湾区与世界级城市群，这种风险需要得到广东省委、省政府的足够重视。

（二）内部风险：基层政府税改权限不足，“变相”加重财政负担

1994 年，我国深化税制改革并确立了分税制的财政管理体制，通过国税和地税两部门的设定，将中央与地方之间的税种分割和权限做了实质性下放。然而，地方税收入规模较小，在实操层面受到改革的空间不大，尤其是在严控房地产市场的新常态下，地方“土地”收入锐减，地方税的减免空间越来越小。并且，税制改革需要通过人大立法，尤其是在涉及税基和税率的调整时，这提升了地方税制改革的壁垒。在可行性和可能性都相对受限的情况下，税收减免形式的普惠性粤港澳科技创新与创业合作的政府治理行为受

到了很大的限制。前海的“双15%”政策也并不像传言所说的那样，因为深圳有特区立法权，在实际操作中得到了财政部的全力支持。同时，它也间接导致了与同为广东自贸区的广州南沙新区片区之间的“税制竞争”。广州南沙新区片区为了提供同样的吸引力，只能通过针对产业目录内企业和高端人才的超额纳税予以财政补贴的方式，达到“双15%”的效果，这“变相”加重了其财政负担。在实际工作中更加需要指出的是，虽然广州南沙新区片区提供了与前海税收“双15%”优惠相当的财政补贴作为保障，但是扣税和补贴的双线运行，无异于延长了同等优惠的办事链条，尽管目前国内自贸区改革普遍采用了单一窗口和网上便捷申报方式，但便利性还是相对受限了，在“变相”加重地方财政负担的情况下，实质上并没有得到同等的便利化改革效果，显著降低了改革效能。在某种程度上，税改支持政策相对受限，普惠性不足，也在一个区域动态竞争的情况下导致了地方补贴政策竞争。在调研中，研究发现广东省科技厅为全省200余家科创平台提供了大量的竞争性补贴，由于粤港澳科技创新与创业项目并未进入蓬勃发展期，有一些科创平台获得补贴之后也没有足够的运营维护费用，导致相关的财政预算投入的人力物力部分出现空转的问题。

（三）运行障碍：科技创新与创业合作的产业门类众多、“以财补税”模式的精准性有待提升

科技创新与创业涉及的产业门类较多，运营模式和投资周期相差较大，税收政策有普及性但短期内难以实现精准扶持。具体来看，粤港澳科技创新与创业合作要建立在粤港澳科技创新与创业合作互补性的基础上。根据港澳科技振兴重点领域——汽车零部件、

生物科技、中药、通信技术、电子消费品、环境科技、集成电路、物流及供应链管理应用技术、纳米科技及先进材料、光电子、纺织与成衣等，结合广东具备优势的汽车零部件、通信技术、集成电路等电子产品、纺织与成衣等产业的上下游配套基础，及环境科技、新型材料、生物科技和中医药等重点发展领域，参照广东自贸区粤港澳合作的重点领域，在考察技术、资金、国际化运营、土地四大综合优势的基础上，笔者认为粤港澳科技创新与创业合作至少包括大数据与网络服务、汽车电子设备、新材料与环境保护、生物医药、物流及供应链管理、纺织与成衣六大领域，这六大领域的沉淀成本构成形式不同，固定资产投入差异较大，具有不同的降成本需求和产业链配套需求，对“以财补税”模式的精准性要求更高。在财政支持外部风险和内部风险并存的情况下，粤港澳科技创新与创业合作的“以财补税”模式的精准性急需提升。

三　问题的理论分析与演化分析

（一）粤港澳科技创新与创业合作六大主导产业的沉淀成本差异分析

当前阻碍粤港澳科技创新与创业合作的主要问题依然是如何解决科创领域沉淀成本的跨期风险补偿问题。综合来看，粤港澳科技创新与创业合作重点主要集中在大数据与网络服务、汽车电子设备、新材料与环境保护、生物医药、物流及供应链管理、纺织与成衣六大领域。这六大领域也是关系到粤港澳科技创新与创业合作能否实现突破的六大主导产业。根据由商业模式决定的沉淀成本跨期风险补偿的实际情况，这六大主导产业可以被分为服务提供类、研发类和定制制造类，共三个主要类型。其中，大数据与网络服务、物流及供应链管理属于服务提供类，这一类产业对区域基础设施、信息渠道的要求较高，固定资产投入相对较低，龙头企业在产业发展中扮演着关键角色，对龙头企业和隐形冠军企业的激励政策需求更高。汽车电子设备、纺织与成衣属于定制制造类，这一类产业的固定资产投入相对较高，固定资产折旧的记账方式较为成熟，对国家自然科学基金、科技部专项资金的需求较少，劳动相对密集，对税收政策的需求较高。新材料与环境保护、生物医药属于研发类，这一类产业的固定资产（含无形资产）投入较高，并且固定资产（含无形资产）的折旧并不是线性分布，难以反映出沉淀成本补偿方面的实际需求，对国家自然科学基金、科技部专项资金的需求较高，并且需要更加多元化的市场化支持。

（二）粤港澳科技创新与创业合作六大主导产业的税收支持政策需求分析

粤港澳科技创新与创业合作六大主导产业，可被分为服务提供类、研发类和定制制造类，笔者将根据它们的商业发展特质和沉淀成本需求特征，分析其相对应的减税的需求。其中，服务提供类对企业所得税减税的需求较高，对个人所得税减免有一定的需求。调研发现这一类型的企业人群虽然被外界认为是高收入群体，但因此类企业的技术和运营方式非常成熟，个体角色的重要性相对受到了制约，同时服务提供类企业股权激励机制相对完善，按照国内 2018 年 9 月通过的新税改方案，专业人士的工资水平实际上很难达到综合统计 15% 的扣税水平。研发类企业多依靠高学历和高技能人才，人才是此类企业成本支出和无形资产的主要组成部分，对个人所得税减免的需求较高；同时，这一类企业在创业、孵化、融资和上市的过程中，成长速度也相对较快，利润占成本投入比例极高，在个人所得占利润比重相对有限的情况下，对企业所得税减免的需求也较高。定制制造类企业，其基础用工可以在本地解决，具有较好的本地吸纳就业特征，一方面，基础用工缴税基数较低；另一方面，基础用工的减税需求对商业发展实质上的影响非常有限，因此这类企业对个人所得税减免的需求并不高。并且由于财务记账的抵扣原则存在，以及定制制造类企业的利润占成本比例相对较低，在实际运营中，此类企业对企业所得税减税的实际需求也相对较低，对此类企业降低企业所得税哪怕是仅是降到 15% 的水平，也有可能会冲击到此类企业已经较为成熟的记账方式和财务运行体系。定制制造类企业的主要担忧是网络销售背景下的竞争格局、订单获取和综合降成本问题，这些问题很难通过减税的方式得以解决。

（三）粤港澳科技创新与创业合作六大主导产业的财政支持政策需求分析

综上，粤港澳科技创新与创业合作六大主导产业可被分为服务提供类、研发类和定制制造类三个主要类型，与这三个主要类型的商业发展特质和沉淀成本需求特征相对应的减税需求相比，财政补贴需求更加多样。除减税的普惠性需求以外，服务提供类企业对网络基础设施、公共服务平台的需求也较高，因此该类企业一方面需要财政更加关注信息基础设施的建设，另一方面需要政府高度关注产业联盟的建设，依托产业联盟，发挥产业集聚的协同发展效应。

研发类企业则更多需要高知识技能型人才储备，提升高知识技能型人才的可得性，一方面是通过雇用高知识技能型人才，另一方面是通过专业人才外包公司提供，这就需要地方政府为辖区内企业提供与高校等大型高知识技能型人才“蓄水池”相贯通的渠道，因此在科技湾区建设的大背景下，研发类企业对地方高层次人才补贴的实际需求较高。定制制造类企业作为就业的主要依托单位，对降低用电成本、物流成本、口岸中转成本的需求极高，政府应对此类型企业的用电、物流和仓储费用给予一定比例的补贴，切实为制造类企业降成本。依托产业目录清单，实现财政补贴的杠杆撬动，做大做强产业目录内的优势产业，将供给侧结构性改革落到实处。

综合来看，根据调研和分析可得到表 1，表 1 中标示的具体含义为：“高”代表相关行业的企业会由于此影响因素选择迁移或集聚发展，“一般”代表此因素是该行业企业的考察因素，但企业并不会由于此项因素的影响而选择迁移或集聚发展，“低”代表此因素几乎不影响该行业企业的实际运营，虽然几乎所有行业和类型的企业都希望将成本降到足够低，将收益提高到足够高，但在实际经营中有一些不利的影响因素并不影响企业的实际运营，甚至是扩大再生产。

表 1　粤港澳科技创新与创业合作六大主导产业财税支持需求对比

<table>
<tr><th colspan="2" rowspan="2"></th><th colspan="2">减税需求</th><th colspan="3">财政补贴需求</th></tr>
<tr><th>企业所得税</th><th>个人所得税</th><th>基础设施提供</th><th>人才补贴</th><th>成本补贴</th></tr>
<tr><td>大数据与网络服务</td><td rowspan="2">服务提供类</td><td rowspan="2">高</td><td rowspan="2">一般</td><td rowspan="2">高</td><td rowspan="2">一般</td><td rowspan="2">低</td></tr>
<tr><td>物流及供应链管理</td></tr>
<tr><td>生物医药</td><td rowspan="2">研发类</td><td rowspan="2">高</td><td rowspan="2">高</td><td rowspan="2">一般</td><td rowspan="2">高</td><td rowspan="2">一般</td></tr>
<tr><td>新材料与环境保护</td></tr>
<tr><td>汽车电子设备</td><td rowspan="2">定制制造类</td><td rowspan="2">一般</td><td rowspan="2">低</td><td rowspan="2">一般</td><td rowspan="2">低</td><td rowspan="2">高</td></tr>
<tr><td>纺织与成衣</td></tr>
</table>

四　基于主体需求差异性的“以财补税”模式优化建议

一是建议上级部门充分协调、发挥税收政策的普惠性，支持港澳青年内地创新创业。粤港澳科技创新与创业合作的六大主导产业对减税需求的敏感度相对较高，在某种程度上看，也是由于珠三角地区与港澳地区所得税差异较大，珠三角地区各级政府才力争通过“以财补税”的模式降低片区间差异，从而使得财政补贴兼具了税改所特有的普惠性。虽然“以财补税”有其必要性和实际贡献，但财政补贴丧失了精准性无异于降低了财政的杠杆功能。税改政策，尤其是在重要行业面向所有国民实施的税收优惠政策，是国际主流的招商引资优惠措施，符合国际投资贸易规则通行标准。对特定境外地区采用国民待遇或者准国民待遇也符合现行的国际投资贸易规则，可将国民待遇或者准国民待遇作为谈判的空间，更好地发挥粤港澳科技创新与创业合作的国际示范作用。为此，建议广东省委、省政府高度重视，充分疏通税改政策的堵点，发挥税收政策的普惠性，一方面通过税收政策为支持港澳青年内地创新创业提供基本制度保障，另一方面为财政杠杆松绑，有效释放财政的杠杆功能。

二是深化体制机制改革，鼓励第三方专业机构参与制定“以财补税”模式差异化改革办法。目前粤港澳科技合作的主导者依然是广东政府科技主管部门。但纵观粤港澳科技创新与创业合作的六大主导产业的差异化需求，仅仅依靠政府部门的力量难以实现有效识别，在科技主管部门对产业发展差异化需求识别乏力的基础上，财政支持政策的精准性难以为继。建议广东政府科技主管部门要履行好主体责任，主导并促进科技中介机构和行业协会的发展。粤港澳科技合作要实现政府主导，多元主体推动。粤港澳科技创新与创业合作要建立在合作互补的基础上，充分调动市场、行业协会和科技中介组织的力量，鼓励第三方专业机构参与制定差异化改革办法，更有针对性地选取粤港澳重点合作产业目录。提供财政补贴的目的是补偿科创领域的沉淀成本，科创领域几乎涉及所有新兴行业，不同行业间沉淀成本的沉淀方式不同，这就需要我们深入实践，研究科创领域重点行业的沉淀成本跨期补偿机制。通过“以财补税”的方式，分产业加大摸底力度，有针对性地降低科创领域粤港澳合作重点行业的沉淀成本；在此基础上，调动各方力量，以财政杠杆为手段，更好地发挥市场配置资源的决定性作用。

三是以信息保障为载体，充分发挥省级财政的基础支撑作用。建议广东依托自贸片区，重点建设 2 ~ 3 个政府公共信息平台，完善粤港澳创业与产业合作的常规对接机制。政府对科技合作的主导方式虽有不同，但是从服务型政府和市场信息提供者的层面而言，粤港澳三地政府能够达成一致。粤港澳三地政府要尽快建立政府公共信息平台，该平台要具有权威性，是官方唯一推动的粤港澳科技合作政府公共信息平台。政府要担负起信息公开和信息审查的信息提供者职能，在此基础上，建立粤港澳科技产业合作常规对接机制，每年至少定期举办 1 ~ 2 次粤港澳科技产业合作对接洽谈会，政府要提供信息咨询服务台，提供完备的政策信息支持，力争将洽谈会议打造成在信息服务基础上的平台，为粤港澳科技合作提供完备信息、咨询支持和平台保障。

重点建设粤港澳知识产权交易平台，充分发挥省级财政的基础支持作用，激活知识产权的引导性作用。目前广东省内可推动粤港澳合作的科创平台共三百有余，且仍处于数量迅速增加的态势，但是缺少有影响力的粤港澳知识产权专属交易平台。建议广东省成立粤港澳科创合作领导小组，依托广东自贸试验区“双区”叠加优势，复制推广横琴国际知识产权交易中心制度创新经验，建设粤港澳知识产权专属交易平台，并建立以人民币作为基准货币，参照交易日当天汇率，“人民币—港币—美元”自由对换的结算机制。在此基础上重点强化粤港澳高等院校合作，有益于以强强联合的形式实现知识产权等科创要素交易费用的内部化，有助于塑造知识产权、科创人才等科创合作要素的集聚效应，与粤港澳知识产权交易形成协同“共振”的效果。

四是建立专项扶持基金，充分发挥财政的杠杆作用，有效激活市场支持。政府要优化扶持资金的预算制度，集中有限的财政资源，成立专项扶持基金，充分发挥财政资源的杠杆作用。为避免政府人力资源的浪费和过多的行政干预，建议政府将粤港澳科技创新与创业合作专项扶持基金的申请资格审核权和推送权下放到粤港澳科技创新与创业合作平台，省级政府仅保留核准审批权。在此过程中，政府要处理好角色转变问题，将详细事务逐级下放，以事中事后监管改革为抓手转变政府职能，引入更广泛的市场化元素参与到科技创新与创业合作事业中。政府要重点解决科技金融扶持的落地问题，分层次构建科技金融扶持的一、二级市场，以政府专项扶持基金和政府信用为基础，联合金融机构，鼓励产业链金融信贷产品的开发，在粤港澳科技创新与创业合作平台试点建立现代科技金融扶持体系。

五是鼓励各市区提供配套支持，重点扶持隐形冠军企业。目前科技扶持基金种类众多，已经能够覆盖科技产业的全过程和重点领域，但为进一步发挥发展的标杆效应，政府有必要针对隐形冠军企业提供更全面的科技扶持基金，通过隐形冠军企业的培育，带动该区域产业的发展速度，从而形成基于产业链分工的配套产业集群。粤港澳科技创新与创业合作要重点关注有行业龙头潜力的企业的竞争实力塑造，通过建立粤港澳科技合作专项扶持资金，重点扶持隐形冠军企业。一方面可以通过资助高等院校和高级技术研发机构的产学研项目，通过标准制定，明确标准和流程，发挥科技创新的正外部性，扶持科研机构造就更多的隐形冠军企业；另一方面，要在粤港澳科技创新和创业合作的主要领域，如新材料、汽车零部件、生物科技、中药、通信技术、电子消费品、环境科技、纺织与成衣等领域各扶持 1 ~2 个具有潜力的隐形冠军企业，培育粤港澳大湾区的科技发展合力。

参考文献

[1] 王鹏：《基于粤港澳产业科技合作的广东产业转型升级研究》，《科技管理研究》2010 年第 3 期。

[2] 王华、龚珏：《完善支持科技创新的财税政策推动产业结构调整》，《税务研究》2013 年第 3 期。

[3] 周运源：《创新发展、深化粤港澳科技合作的再思考》，《华南师范大学学报》（社会科学版）2017 年第 3 期。

[4] 聂颖：《支持科技创新投资行为的财税政策选择》，《财政研究》2013 年第 1 期。

Research on Fiscal and Tax Support Mechanism for Cooperation of Technological Innovation and Entrepreneurial Between Guangdong, Hong Kong and Macao

Ai Dezhou

Abstract: Scientific and technological innovation and entrepreneurship cooperation between Guangdong, Hong Kong and Macao is not only an important part of the new model of economic cooperation between Guangdong, Hong Kong and Macao, but also an important way to solve the employment and entrepreneurship problems of young people in Hong Kong and Macao. It is also an important measure to implement the innovation and development strategy of the Central Committee of the Communist Party of China and the development strategy of the Bay Area in the Guangdong provincial governments at all levels provide a comprehensive fiscal and tax support policy for this purpose. However, research and development found that under the Sino-US trade conflict, Guangdong, Hong Kong and Macao technology innovation and entrepreneurship cooperation "tax-based" model exists external risks and internal problems, the operation mechanism needs to be improved. Based on the analysis of the problem, this paper puts forward five suggestions.

Keywords: The Mode of Fiscal and Tax Support; Technological Innovation and Entrepreneurship; Demand Difference; Fiscal and Tax Support Mechanism

CEPA 实施的贸易目标是否取得了预期成效?

——基于两地间的贸易数据分析*

袁群华**

摘　要：本文在介绍香港贸易分类及其相互关系的基础上，综述了 CEPA 实施以来内地与香港间的贸易效应、香港贸易与内地经济发展关系等两方面的文献观点，分析和对比了 CEPA 实施前后中国内地与香港之间贸易关系的改变情况，发现 CEPA 对推动香港金融、保险等服务出口中国内地的效果非常显著；并通过对 CEPA 实施前后中国内地与香港的服务贸易创造效应的测算发现，CEPA 具有贸易创造效应，进而判定 CEPA 实施以后极大地促进了内地与香港的贸易关系，效果明显，基本上达到了预期目标。然而从近几年情况看，中国内地与香港的各类贸易发展处于停滞状态，甚至出

* 本文为广东省科技厅软科学课题（2016A070705057）、广州市软科学项目（201609020017）、广东省教育科学规划课题（2018JKSJD73）、广东省教育科学“十三五”规划研究项目（2018JKDY10）、广东外语外贸大学校级课题（16QN25）研究成果。

** 袁群华，广东外语外贸大学经济贸易学院教师，主要研究方向为粤港澳区域经济合作。

现下降趋势。为扭转这种趋势，本文提出了开放中国内地服务业市场和积极发展香港与中国内地离岸贸易等对策建议。

关键词： CEPA　香港　贸易

《内地与香港（澳门）关于建立更紧密经贸关系的安排》（CEPA）自 2004 年元旦开始实施，至 2018 年已先后出台 10 个补充协议。由于 CEPA 设计的主要目的是加强香港服务业与内地的合作以及促进香港产品出口，同时由于转口贸易占香港全部贸易的半壁江山，离岸贸易代表香港贸易的发展方向，所以本文以香港的视角观察 CEPA 的实施效果，即在分析中国内地与香港服务贸易、转口贸易和离岸贸易的数据的基础上探讨 CEPA 是否取得了预期成效。

一　与香港相关的主要国际贸易分类及其相互关系

在分析中国内地与香港的贸易关系时，因涉及贸易种类较多，如货物贸易、服务贸易、转口贸易和离岸贸易，故需要厘清这些贸易分类的内涵及其相互关系。首先中国内地与香港之间的贸易涉及货物贸易与服务贸易两个种类。货物贸易与服务贸易是依据贸易对象不同进行划分的，二者合在一起就是全部的贸易。

而对于转口贸易和离岸贸易需要更加详细的解读，根据香港特区政府统计处的说明：（1）转口货品是指输出曾经自外地输入本港的货品，而这些货品并没有在本港经过任何制造工序，以致永久改变其形状、性质、式样或用途。（2）离岸货品贸易涵盖在香港经营业务的机构（不包括其在香港境外的有联系的公司）所提供的“转手商贸活动”及“与离岸交易有关的商品服务”。离岸贸易活动所涉及的货品是从香港以外的卖家直接运往香港以外的买家，而有关货品并没有进出香港。从离岸货品贸易赚取的收入是指从“转手商贸活动”中所赚取的毛利，以及从“与离岸交易有关的商品服务”中赚取的佣金，并非所涉及的货品价值。从以上两点叙述中我们可以分析出，离岸贸易与转口贸易的最大区别就是是否进出香港，离岸贸易主要依赖于服务所产生的收入或者佣金，属于服务贸易。

事实上，从香港贸易发展史看各类贸易的替代关系可发现：（1）20 世纪 50 ~ 70 年代，中国内地封闭，香港发展以出口为导向的制造业，此时以货品进出口贸易为主。（2）20 世纪 80 ~ 90 年代，随着内地改革开放，香港制造业转移到珠三角地区，香港转口贸易迅速发展，转口贸易额在总出口中所占比重由 1979 年的 26.4% 上升到 1997 年的 95.9%。（3）21 世纪以来，随着中国内地加入 WTO，内地贸易基础设施逐步完善和贸易便利化水平逐步提升，且中国内地资本项目下外汇不可自由兑换，香港离岸贸易便在转口贸易的基础上快速发展起来，与转口贸易并驾齐驱。

二　文献综述

（一）CEPA 实施以来内地与香港间的贸易效应研究

张婕等（2007）对 CEPA 实施后中国内地与香港的贸易效应进

行了测算，结论为 CEPA 的实施产生了净贸易创造效应，但没有形成净贸易转移。王鹏（2008）认为，中国内地与香港双边贸易的蓬勃发展，在很大程度上得益于两地经济发展水平和人均收入的提高。张宏燕等（2009）和毛艳华等（2013）采用巴拉萨模型分别对 CEPA 实施对内地和香港的经济效应进行了测算，认为 CEPA 发挥了两地的比较优势，促进了香港和内地的服务贸易发展。张光南等（2011）认为 CEPA“港产品零关税”货物贸易政策有利于香港的进出口、贸易余额和贸易条件，但对内地贸易余额和贸易条件存在一定的冲击。冯邦彦等（2013）认为 CEPA 及一系列补充协议的签署和其他合作措施深化了内地与香港的经济融合，其贸易创造效应已经显现并发挥积极作用，但 CEPA 框架下两地的贸易限制和障碍尚未真正消除。席艳乐等（2014）采用引力模型得出结论：CEPA 对双方均带来了贸易创造效应，且没有以任何贸易转移为代价。

（二）香港服务贸易、离岸贸易、转口贸易与内地经贸发展关系的研究

香港贸易发展局研究总监关家明认为，20 世纪七八十年代后香港的工厂转移到内地，导致香港转口贸易逐步发展起来，曾经中国内地最高达 70% 的出口经过香港。20 世纪初期，香港转口贸易逐渐转变为离岸贸易。沈克华等（2013）认为，香港离岸贸易快速增长与中国内地经济的崛起密不可分。2002 ~ 2011 年，香港离岸贸易所涉货物销售价值中，来自中国内地和销往中国内地的平均比重分别为 38% 和 57%。彭羽等（2013）测算了香港离岸贸易对珠三角地区产业发展的影响，结论为前者对后者具有显著促进作用。

以上研究分析了 CEPA 实施的贸易效应或香港贸易发展与中国

内地的关系，但基本上都是从中国内地的视角出发。部分文献在采用引力模型时，所用的数据存在很大缺陷，因为目前没有中国内地各省区市与香港的服务贸易数据，故采用整体贸易数据替代，这与 CEPA 的主要目的是推动服务贸易发展不符，所以得出的结论也难以令人信服。

三 CEPA 实施前后中国内地与香港贸易关系统计性描述

（一）中国内地与香港的货物贸易

内地与香港贸易发展迅速，中国内地出口到香港的货物贸易额出现快速增长，从 1990 年的 2361.34 亿港元增长至 2016 年的 19168 亿港元，增长了 7 倍多；不过近几年呈现出稳中有降的趋势，从 2013 年的 19421 亿港元先增至 2014 年的 19870 亿港元，再降至 2016 年的 19168 亿港元。从 CEPA 出台前后八年的情况看，2004 ~ 2012 年年均增长 8.00%，而 1995 ~ 2003 年年均只增长 4.81%。中国内地出口到香港的货物贸易占香港货物贸易总额的比重稳中有升，从 1990 年的 36.75% 升至 2016 年的 47.82%，其中 1999 ~ 2004 年的比重在 43% ~ 44.5% （见图 1）。从贸易金额看，似乎 CEPA 出台对于中国内地货物出口到香港具有促进作用；不过从占比来看却很难得出这样的结论，说明 CEPA 出台前后香港对中国内地的货物出口变化并不明显，因为一直以来都是零关税。

港产品出口总额越来越小，从 1990 年的 2258.75 亿港元减少至 2016 年的 429 亿港元，只占香港进口贸易额的 2% 左右，可见港

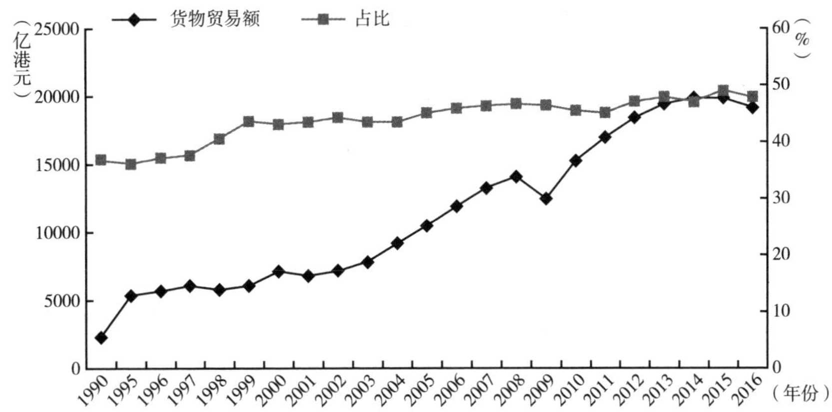

图1　1990～2016年中国内地出口到香港的货物贸易额及其占比

资料来源：历年《中国统计年鉴》。

产品出口在香港贸易中占比也很小。其中香港出口到中国内地的贸易额也相应从1990年的474.70亿港元减少至2016年的186亿港元；不过占比却从1990年的21.02%增长至2016年的43.36%。尤其是2004年至2009年有10个以上百分点的增长，此后占比稳中有降。这说明CEPA实施后中国内地对原产于香港的产品实行零关税有明显政策效果。

（二）中国内地与香港的服务贸易

1. 香港服务输出到中国内地的总体情况及其结构

从香港服务出口目的地看，中国内地长期是香港服务输出的最主要的目的地。香港服务输出到内地的贸易额从1995年的342.65亿港元增长到2016年的2963.63亿港元，年均增长率为10.82%；其中峰值在2014年，达3126.50亿港元。占香港服务贸易输出总金额的比重从1995年的16.20%增加到2016年的40.09%，增长了约24个百分点（见图2）。其中，CEPA实施后香港服务输出到中国内地的贸易额更加快速地增长，从 2003 年的 692.02 亿港元增长到 2016 年的 2963.63 亿港元，年均增长率为 11.84%；若仅考虑 2004 年至 2014 年，年均增长率达 14.97%，远远快于 1995 年至 2003 年的年均增长率（9.18%）。说明 CEPA 对香港服务出口到内地具有明显促进作用。

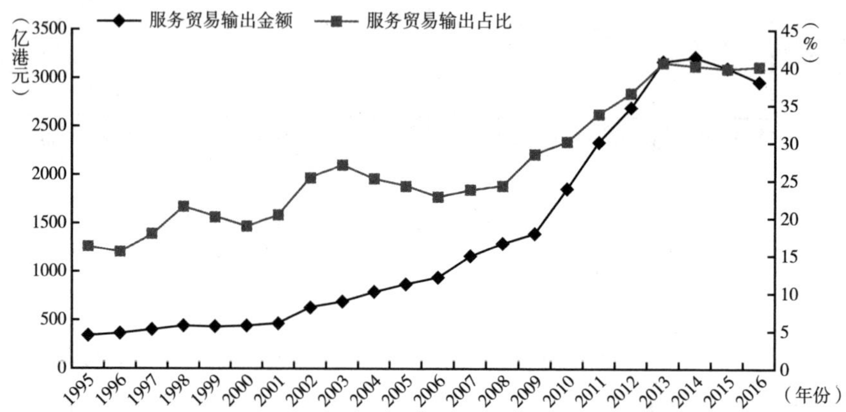

图 2　1995 ~ 2016 年香港服务输出到中国内地的贸易额及其占比

资料来源：香港特区政府统计处网站。

香港服务输出到中国内地最主要的两项为旅游服务和运输服务[①]，其中最主要的旅游服务贸易额从 1999 年的 146.93 亿港元增加到 2016 年的 1978.46 亿港元，同期占香港出口到中国内地服务贸易额的比重从 22.11% 增长到 66.76%，峰值（拐点）在 2013 年的 75.22%；而运输服务贸易额从 1999 年的 171.33 亿港元增加到 2016 年的 575.93 亿港元，同期占香港出口到中国内地服务贸易额比重从 25.78% 减少至 19.43%，占比最低为 2013 年的 13.79%。

① 香港特区政府统计处在 2012 年 9 月完成一项技术性修订工作，即采用了《2010 年国际服务贸易统计手册》内的建议，导致 2010 年前的总体数据不能与 2011 年修订后的数据做直接比较，但是各项服务贸易金额及其占比数据还是可以用来比较的。

同样以 CEPA 实施为时间分界点，2004 年以前香港输出到中国内地的旅游服务贸易额虽然也在提升，但其份额却是随着允许全国境内居民个人赴港旅游政策的实施而快速提升的（详见图 3 和图 4）。这说明香港输出到内地的服务以接待内地游客的旅游服务和运输服务为主，而旅游业受香港形势影响较大，因此香港输出到内地的服务结构有待进一步优化。

现代服务贸易中较为重要的金融和保险服务业贸易占香港输出到中国内地服务贸易的比例不大，分别在 3% 和 2% 以下。但是这两类服务贸易额增长速度却非常快，年均增长率在 20% 以上，其中 2004 ~2016 年金融服务贸易额从 8. 85 亿港元增长到 83. 11 亿港元，年均增长率为 20. 52%，2004 ~2015 年的年均增长率为 23. 93%，而 1995 ~2003 年年均增长率仅为 9. 18%。2004 ~2010 年保险服务贸易额从 4. 86 亿港元增长到 11. 99 亿港元，年均增长率为 16. 98%，而此前 1999 ~2003 年保险服务贸易几乎没有增长。可见，CEPA 在推动香港出口现代服务贸易至中国内地方面的作用还是非常明显的。

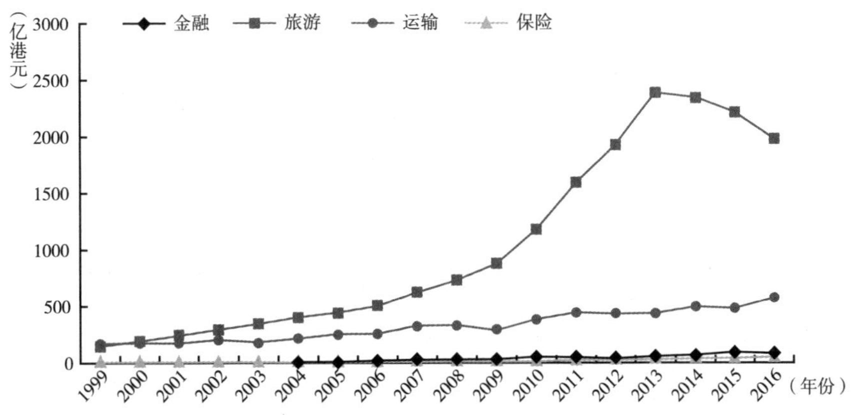

图 3　1999 ~2016 年香港输出到中国内地的各类服务贸易金额

资料来源：香港特区政府统计处网站。

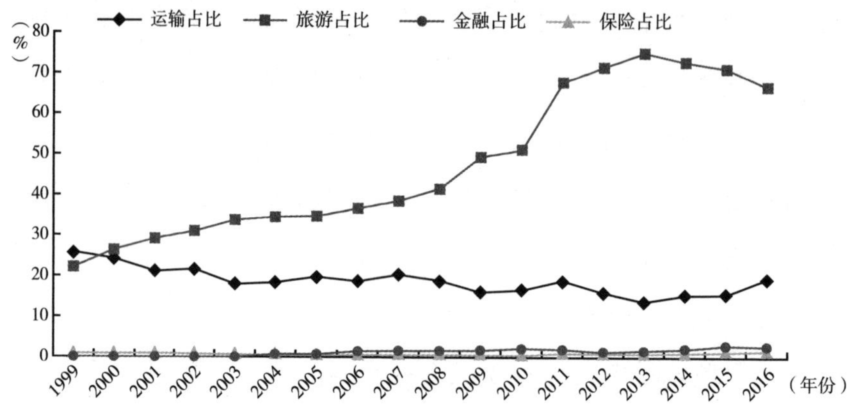

图 4 1999～2016 年香港服务输出到中国内地的贸易结构变化

资料来源：香港特区政府统计处网站。

2. 中国内地服务输入香港的贸易总体情况及其结构

从香港服务进口来源地看，中国内地长期也是香港服务输入最主要的来源地。源自中国内地的香港服务贸易输入额从 1995 年的 1524.7 亿港元增加到 2016 年的 2209.7 亿港元，峰值为 2008 年的 2915.5 亿港元。从图 5 中还可以看出，2004 年 CEPA 出台后中国内地服务输入香港贸易额快速增长，不过在 2008 年金融危机后达到顶峰，之后又快速下降。除了在 1999 年（该年峰值为 61.6%）前短暂上升外，其余年份中国内地服务输入香港的贸易金额占比呈下降趋势，从 1995 年的 54.4% 下降到 2016 年的 38.5%，下降了将近 16 个百分点。

2016 年中国内地输入香港的服务贸易占比最大的是制造服务，为 881.92 亿港元，占比达 39.91%；其次为旅游服务，为 566.86 亿港元，占 25.65%。再次为其他商业服务、运输服务业，占比分别为 14.57% 和 13.28%。而现代服务业，即金融业和保险业分别是在 2% 以下或者略多于 2%（见图 6）。

货物贸易和服务贸易的指标显示，货物贸易是中国内地与香港

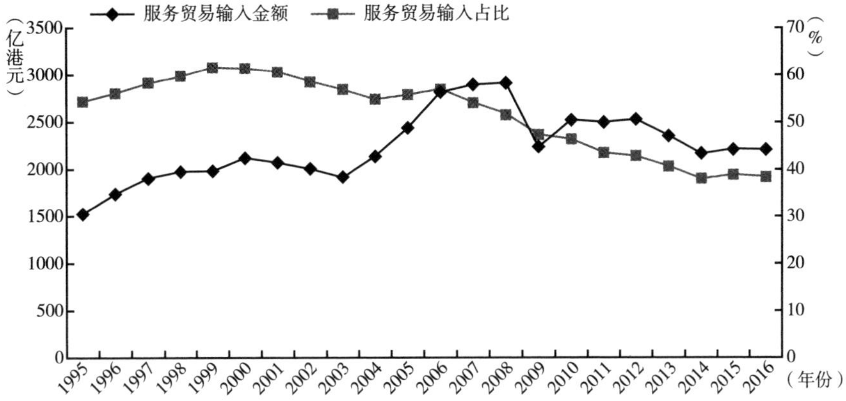

图 5　1995～2016 年中国内地服务输入香港的贸易额及其占比

资料来源：香港特区政府统计处网站。

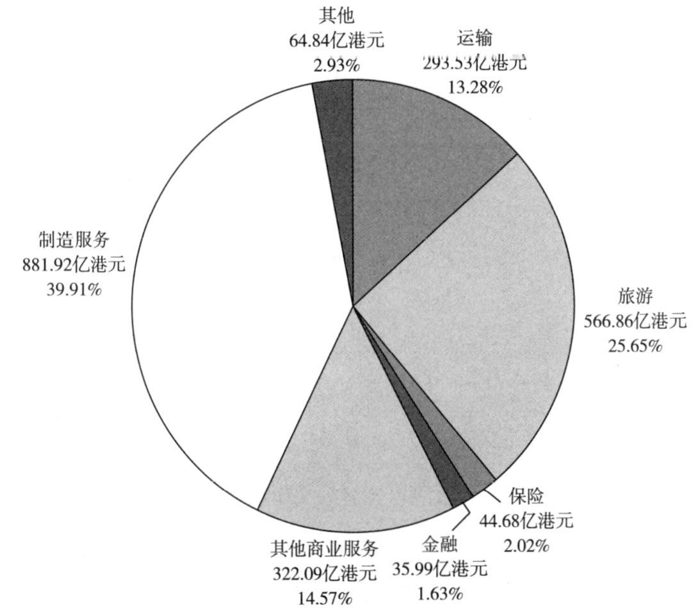

图 6　2016 年中国内地输入香港的各类服务贸易金额及其占比

资料来源：香港特区政府统计处网站。

的贸易主体，服务贸易占比相对较小。2016 年，中国内地服务输入香港的贸易额只有中国内地出口到香港的货物贸易额的

11.53%，香港服务输出到中国内地的贸易额占中国内地出口到香港的货物贸易额的 15.46%；以 CEPA 实施为时间分界点来看，CEPA 实施以来香港服务出口到中国内地的贸易额快速增加，且主要为旅游服务贸易额快速增长；中国内地服务出口到香港的贸易额先增后减，成“几”字形，但比重逐步降低。CEPA 虽然也促进了中国内地与香港金融、保险等服务业的合作，但内地与香港的服务贸易结构仍有待进一步改善。

（三）中国内地与香港的转口贸易

从转口贸易额（目的地）看，香港转口到中国内地的贸易额从 1990 年的 1109.08 亿港元增长到2016 年的 19249 亿港元，增长了 16 倍，年均增长率为 11.60%；占香港转口贸易总额（目的地）的比重则从 26.79% 快速增长至 54.29%，峰值在 2013 年，为 54.90%（见图 7）。同期香港转口到美国的贸易额在香港转口贸易额（目的地）排名中居第二位，其占比从 21.20% 下降到 9.04%。

以 CEPA 实施的 2004 年为界，1990 ~ 2003 年香港转口到中国内地的贸易额年均增长率为 15.30%，高于同期香港总转口贸易额（目的地）年均增长率（11.07%）；2004 ~ 2016 年 13 年间香港转口到中国内地的贸易额年均增长率为 8.02%，也高于同期香港总转口贸易额（目的地）年均增长率（6.21%）。不过从占比来看，CEPA 出台的前后 8 年平均增速相差不大，总体都是增加了大约 10 个百分点。

从转口贸易额（来源地）看，香港从中国内地转口的贸易额从 1990 年的 2404.10 亿港元增长到 2016 年的 20855 亿港元，增长

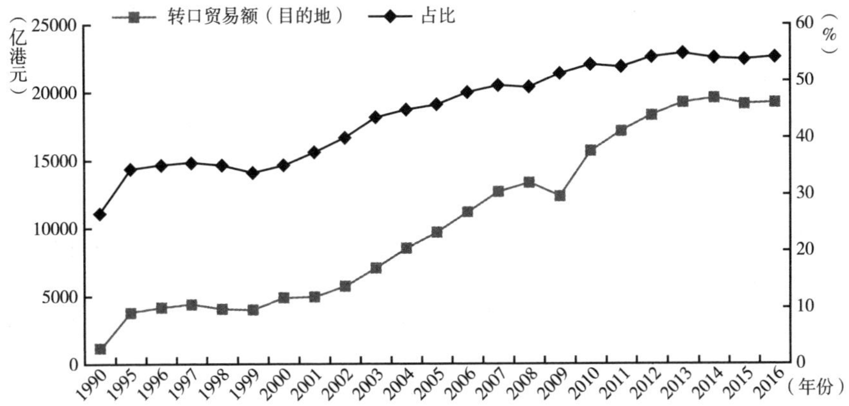

图 7　1990～2016 年香港转口到中国内地的贸易额及其占比变化

资料来源：历年《中国统计年鉴》。

了 7.67 倍。占比数据围绕 60% 处于波动状态，介于 57% 至 63% 之间（见图 8）。

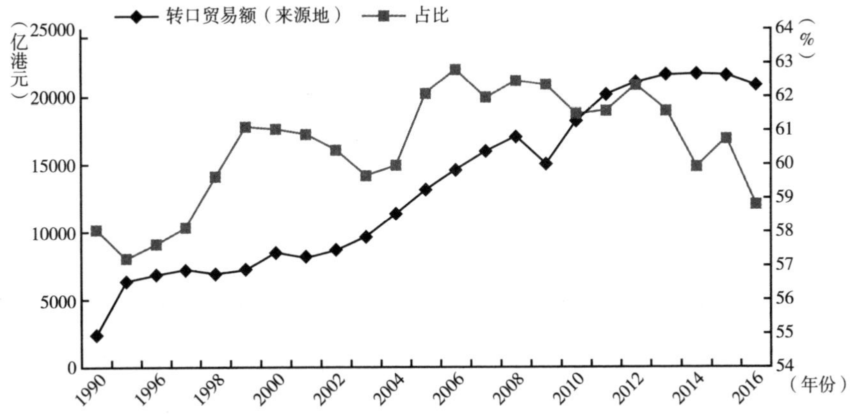

图 8　1990～2016 年香港从中国内地转口的贸易额及其占比变化

资料来源：历年《中国统计年鉴》。

整体趋势显示，若从转口贸易额（目的地）看，香港转口到中国内地的贸易额及其占比都快速增长；但从转口贸易额（来源地）看，香港从中国内地转口的贸易额快速增加，但其占比先增后减。不过，不论中国内地作为转口贸易的目的地还是来源地，近几年转口贸易额都与中国内地出口到香港的货物贸易额数值相差不大。以上数据表明，不论从中国内地作为转口贸易的目的地看还是来源地看，CEPA 的出台对香港与中国内地的转口贸易都没有促进作用。由于转口贸易不是 CEPA 推动的主要目标，所以关于转口贸易的分析只是作为参考。

（四）中国内地与香港的离岸贸易

中国内地是香港离岸贸易最主要的贸易伙伴之一。从香港与中国内地的离岸贸易毛利的构成看，转手商贸活动的毛利占主体，近几年占比均在 86% 以上。而从整个香港转手商贸活动的毛利看，香港与中国内地的转手商贸活动毛利虽处于缓慢增长态势，但占比却整体呈降低趋势，这决定了香港与中国内地离岸贸易毛利的走势。

1. 香港与中国内地的转手商贸活动所售的货品价值

2002 ~ 2016 年，香港与中国内地的转手商贸活动所售的货品价值从 3834. 53 亿港元增至 14033. 83 亿港元，增长了 2 倍多；其中峰值为 2014 年的 17744. 78 亿港元。香港与中国内地的转手商贸活动所售的货品价值占香港总转手商贸活动所售的货品价值的比重先增后降，基本稳定在 35% 以上。2003 年的增长率只有 15. 37%；而 2004 ~ 2008 年 5 年年均增速为 20. 52%，2004 ~ 2010 年年均增速为 18. 84%。CEPA 的出台对香港与中国内地的转手商贸活动具有较为明显的促进作用。

2. 香港与中国内地的离岸贸易赚取的毛利

2002 ~ 2016 年，香港与中国内地的离岸贸易赚取的毛利缓慢增长，从 2002 年的 341. 92 亿港元增长到 2016 年的 549. 79 亿

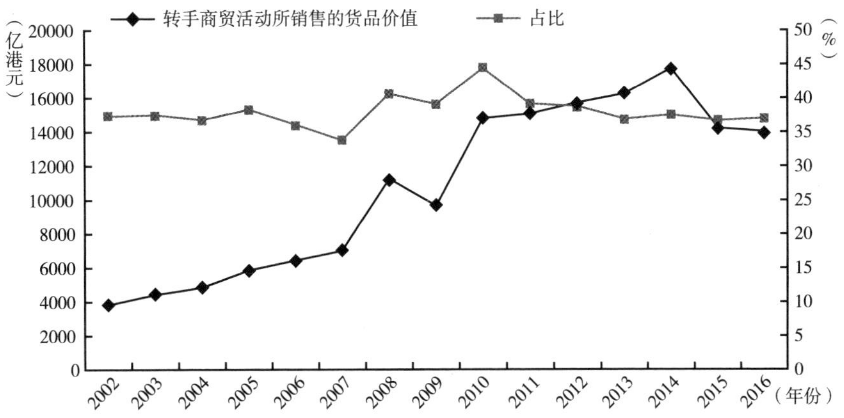

图 9　2002 ~ 2016 年香港与中国内地的转手商贸活动所售的货品价值及其占比

资料来源：香港特区政府统计处网站。

港元，年均增长率为 3.45%。其中 2009 年受国际金融危机影响，离岸贸易毛利降至 415.61 亿港元（见图 10）。不过从整个香港的离岸贸易看，与中国内地的离岸贸易毛利所占比重在不断降低，从 2002 年的 33.2% 下降至 2016 年的 19.8%，下降了 13.4 个百分点；仅次于美国，排第二位。以 2016 年为例，香港与美国的转手商贸活动所售的货品价值占比为 21.5%，但毛利却占 36.2%；而香港与中国内地的转手商贸活动所售的货品价值占比为 37.0%，毛利只占 21.5%。可见，香港与中国内地的离岸贸易利润率相对较低。

总之，CEPA 的出台对香港与中国内地的离岸贸易具有较为明显的促进作用。香港与中国内地的离岸贸易整体趋势为总额和毛利都缓慢增长，但占比缓慢下降。且近几年内地与香港离岸贸易额及其占比均出现下降趋势，若未来转口贸易被离岸贸易逐步取代，那么内地与香港的贸易关系将可能出现弱化的趋势。

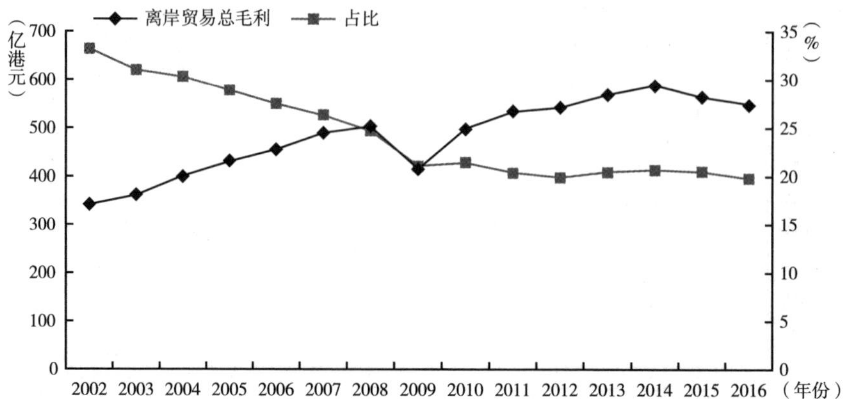

图 10　2002～2016 年香港与中国内地的离岸贸易赚取的毛利与占比

资料来源：香港特区政府统计处网站。

四　CEPA 实施前后中国内地与香港的服务贸易创造效应测算

比较经典的两个测算贸易效应的模型是巴拉萨模型和引力模型。由于中国内地各省份与香港服务贸易数据缺失，我们无法用引力模型，因此本文采用巴拉萨模型测算 CEPA 实施以来中国内地与香港的服务贸易创造效应。巴拉萨模型是通过测算进口需求收入弹性变化来测算贸易效应，其基本方程为：

$$IM = \alpha Y^{\beta} u \tag{1}$$

转为线性方程为：

$$\mathrm{Ln}IM = \mathrm{Ln}\alpha + \beta \mathrm{Ln}Y + \mathrm{Ln}u \tag{2}$$

简化为：

$$\mathrm{Ln}IM = a + \beta \mathrm{Ln}Y + e \tag{3}$$

其中 $a = \mathrm{Ln}\alpha$，$e = \mathrm{Ln}u$；IM 为香港输入中国内地的服务贸易额，Y 为中国内地国内生产总值，α 为参数，e 为随机误差项。

对（3）式两边求导，得

$$\frac{\mathrm{d}IM}{IM} = \beta \frac{\mathrm{d}Y}{Y} \tag{4}$$

为测算 CEPA 签订前后的服务贸易创造效应，本文选取 1995～2016 年中国内地与香港的服务贸易和中国内地的收入数据。回归结果显示，香港服务输入内地的贸易额与中国内地收入呈现出显著的线性关系，而中国内地服务输入香港的贸易额与中国内地收入没有出现线性关系（因 CEPA 的主要目的之一是促进香港服务业在中国内地贸易投资便利化，非中国内地服务输入香港，故在此不做深入讨论）。以下仅分析香港服务输入内地的贸易创造效应。

且 CEPA 出台前回归方程为：

$$\begin{aligned} \mathrm{Ln}IM &= -4.3388 + 0.9224\mathrm{Ln}Y \\ &\qquad (1.8164)(0.1602) \\ t &= \quad (-2.3832)(5.7566) \\ R^2 &= 0.8256 \quad F = 33.1390 \quad n = 9 \end{aligned} \tag{5}$$

特征值 F = 0.0007，远小于 0.05，说明 CEPA 出台前香港服务输出到内地的贸易额与中国内地经济总量之间存在显著的线性关系。采用 Engle-Granger 两步协整检验法对以上回归结果进行检验，ADF 检验值为 −3.3336，小于 10% 水平下的临界值 −2.8418，通过稳定性检验。根据（4）式，自变量系数为 0.9224，说明中国内地 GDP 每增加 1%，香港输入内地的服务贸易额增加 0.9224%。

CEPA 出台后回归方程为：

$$
\begin{aligned}
\mathrm{Ln}IM &= -4.7964 + 0.9560\mathrm{Ln}Y \\
&\qquad (0.8190)(0.0638) \\
t &= \quad (-5.8565)(14.9900) \\
R^2 &= 0.9533 \quad F = 224.6996 \quad n = 13
\end{aligned} \tag{6}
$$

特征值 F =9.95E −09，远小于 0.05，说明 CEPA 出台后香港服务输出到内地的贸易额与中国内地经济总量之间也存在显著的线性关系。采用 Engle-Granger 两步协整检验法对以上回归结果进行检验，*ADF* 检验值为 − 1.9472，大于 10% 水平下的临界值 −2.7290，不能通过稳定性检验。

自相关检验：*DW* 值为 0.7239，小于样本量为 13、一个解释变量、1% 的显著水平下的 d_L 值 0.738，故存在正自相关。对残差进行滞后一期回归分析的结果显示 $\rho = 0.5640$，对原模型进行广义差分回归：

$$
\mathrm{Ln}IM_t - 0.5640\mathrm{Ln}IM_{t-1} = \mathrm{Ln}\alpha(1 - 0.5640) + \beta(\mathrm{Ln}Y_t - 0.5640Y_{t-1}) + v_t \tag{7}
$$

广义差分回归结果为：

$$
\begin{aligned}
\mathrm{Ln}IM^* &= -2.6886 + 1.0567\mathrm{Ln}Y^* \\
&\qquad (0.8571)(0.1500) \\
t &= (-5.8565)(14.9900) \\
R^2 &= 0.8324 \quad F = 49.6528 \quad DW = 0.6405
\end{aligned} \tag{8}
$$

DW 值小于样本量为 12、一个解释变量、1% 的显著水平下的 d_L 值 0.697，仍然检验不通过。故继续采取 LM 检验方法进行更加精确的检测，结果为 $\bar{R}^2 = 3.5747$，小于 $\chi^2_{0.005}(1) = 7.8794$，通过检验，说明残差不存在自相关。

对以上问题的解释为 2008 年金融危机对经济影响过大，造成香港输入内地的服务贸易增速放缓，增速从 2007 年的 3.06% 分别下降至 2008 年、2009 年的 1.52% 和 1.07% ，而 2010 年增速又恢复到3.95％。近几年受到国际贸易大环境的影响，香港输入内地的服务贸易增速降为负值（2015年、2016年增速分别为－0.43％和－0.59％）。以上这些影响因素都是导致稳定性检验没法通过的原因，因此认为回归分析是可以成立的。自变量系数为0.9560，说明内地GDP每增加1％，香港输入内地的服务贸易增加0.9560％，大于CEPA出台前的0.9224％。显然CEPA出台后促进了香港服务贸易输入内地，具有贸易创造效应。

五　结论与对策建议

CEPA的实施极大地促进了内地与香港的贸易关系，效果明显，香港输入内地的金融、保险等服务贸易额增长迅速，基本上达到了预期目标。实证研究结果表明，CEPA对香港服务输出到中国内地具有贸易创造效应。然而从近几年情况看，中国内地与香港的各类贸易发展处于停滞状态，甚至出现下降趋势。因此为继续发挥CEPA在促进中国内地与香港服务贸易投资便利化方面的作用，扭转近年来香港与中国内地贸易发展滞缓甚至下降的趋势，提出以下对策建议。

（1）开放中国内地服务业市场，完善内地市场经济体制建设。首先，中国内地应以自贸区为载体，探索完善内地的市场经济体制建设，尤其是开放金融、保险等服务业市场，实现服务业贸易投资便利化。其次，设立类似原欧共体欧洲理事会的大湾区理事会是推进粤港澳大湾区共同市场建设的重要一环。粤港澳体制不同，协调相对困难，因此有必要设立权威性更强、约束性更强、执行力更强的粤港澳湾区理事会（类似原欧共体欧洲理事会）。

（2）积极发展两地间离岸贸易。中国内地与香港属于不同的关税区，两地间货物不能像在同一个关税区内运送那样便利；中国内地的港口基础设施和服务已经完全可以满足国际贸易的需求；香港已经连续 24 年被评为世界上最自由的经济体，与全球具有广泛的贸易和金融联系，积极开展两地间的离岸贸易已经具备条件，这些都是近年来两地间离岸贸易额赶上转口贸易额的原因所在。发展两地间离岸贸易，既能发挥香港的国际贸易中心功能，又能促进内地贸易的发展，并推动相关产业的发展。

参考文献

[1] 张婕、许振燕：《CEPA 贸易创造与贸易转移效应的实证分析》，《亚太经济》2007 年第 1 期。

[2] 王鹏：《内地与香港双边贸易流量与潜力研究——基于贸易引力模型的实证分析》，《当代财经》2008 年第 3 期。

[3] 张宏燕、毛艳华：《CEPA 对内地与香港经济效应的实证研究》，《当代港澳研究》2009 年第 1 辑。

[4] 丁丹：《中国内地与香港经济一体化的投资效应研究》，辽宁大学硕士学位论文，2011。

[5] 张光南、邱杰宏、陈坤铭：《中国内地和中国香港的贸易自由化效应研究——基于全球贸易分析模型 GTAP 的分析》，《国际贸易问题》2011 年第 9 期。

[6] 冯邦彦、胡娟红：《CEPA 框架下香港与中国内地的贸易创造——基于 1997 ~ 2010 年贸易关联面板数据》，《国际经贸探索》2013 年第 3 期。

[7] 毛艳华、肖延兵：《CEPA 十年来内地与香港服务贸易开放效应评析》，《中山大学学报》（社会科学版）2013 年第 11 期。

[8] 席艳乐、陈小鸿：《CEPA 对中国内地和香港贸易效应的实证研究——基于倍差和泊松极大似然估计的方法》，《经济问题探索》2014 年第 11 期。

[9] 陈德宁、陈军才、何一鸣：《CEPA 下香港与内地经济耦合度与效应分析》，《学术研究》2014 年第 1 期。

[10] 彭羽、沈克华：《香港离岸贸易对珠三角地区产业发展的影响研究——基于

珠三角地区 48 个区县面板数据的实证分析》,《国际经贸探索》2013 年第 2 期。
[11] 沈克华、彭羽:《离岸贸易与香港国际贸易中心地位的演变——兼论对上海国际贸易中心建设的启示》,《亚太经济》2013 年第 5 期。

Has the Implementation of CEPA Achieved the Desired Results?

—By the Data Analysis of Trade Between the Mainland and Hong Kong the Constitutional Order in Hong Kong

Yuan Qunhua

Abstract: On the basis of introducing the trade classification and their relations, this paper summarizes the literature views on the trade effect between the mainland and Hong Kong since the implementation of CEPA, and on the relations between Hong Kong's trade and the development of the mainland's economy. It analyzes and compares the implementation of the CEPA and before the implementation. In particular, the trade in services such as finance and insurance has shown a rapid growth compared with the implementation of CEPA. After the analysis of the trade relations between the mainland and Hong Kong, the creation effect of the service trade between the mainland and Hong Kong after the implementation of CEPA is calculated, and the conclusion is that it has the effect of trade creation. It is concluded that the implementation of CEPA has greatly promoted the trade relationship between the mainland and Hong Kong. The effect is obvious and basically achieved the expected goal. However, in recent years, the development of trade between Mainland China and Hong Kong has been stagnant or even declining. In order to reverse this trend, this paper puts forward countermeasures and suggestions for opening up the service market in the mainland of China and actively developing offshore trade between Hong Kong and the mainland.

Keywords: CEPA; Hong Kong; Trade

港澳教育与青年

中学地理教材对内地与港澳身份认同的影响*

安宁　曾敏**

摘　要：本文以内地、香港和澳门所选用的中学地理教材为研究对象，采用 NVivo 分析方法，讨论了地理教育与居民空间身份意识之间的关系。研究发现：在尺度维度上，内地和澳门主流教材（人教版）主要立足于国家尺度但不排斥全球与区域尺度的地理叙事，而香港主流教材（雅集版）则弱化了国家尺度，重点放在全球和城市尺度叙事上；在参与维度上，雅集版教材更具参与性，通过“角色赋予”的方式大量采用香港本地素材进行教材设计，而人教版的参与性较差；在唤醒维度上，雅集版更具结构性，强调“我者”和“他者”的话语表述差异，而人教版则更具情感性，常通过历史文化唤醒学生的民族和国家归属感。概言之，内地和澳门

* 本文为国家自然科学基金青年项目（41701149）、国家自然科学基金重点项目（41630635）、国家自然科学基金面上项目（41871127）早期成果。

** 安宁，广州大学华南人文地理与城市发展研究中心、地理科学学院讲师；曾敏，华东师范大学教师教育学院硕士研究生。

地区的主流教材更加强调国家和民族的观念，而香港的主流教材则形成了强烈的地域性以及国家意识与地方意识错位。研究呼应了当下内地、香港和澳门地区复杂多样的空间身份意识，有助于对教育与文化地理深层关系的剖析，同时为维护祖国统一工作成果和践行教育教材改革等工作提供了依据。

关键词：身份认同　知识生产　地理教材

一　理论和现实依据

在现代社会，学校教育对于人类社会的进步具有非常积极和重要的意义。这种意义不仅表现在学校能够提高人类知识和技能从而成为个体发展和社会发展的工具上，而且还表现在学校对人类经验、信念、品德、理想和价值等的唤醒，使学生能够形成新的人生态度和价值观念上[1]。然而，既有的研究对学校教育的关注在跨学科领域展开得不够充分。具体来说，学界对学校教育的关注大多来自教育学，主要集中在对教育教学技巧等方面的讨论上，而对学校教育涉及的其他学科议题的关注则比较欠缺。以地理学为例，其关注的主要议题为人与地理环境之间的关系。人（尤其是低龄段的人）对环境的认知主要来自学校教育。然而，类似学校教育对人的空间身份意识的影响这样的研究问题却往往被（教育学和地理学）忽视。事实上，地理学对知识生产和传播过程的关注由来已久。以文化地理学来说，这样的关注尤为明显。新文化地理学者在对空间、地方、景观和文化的关注过程中，往往尝试通过“表征”的方式来认识人们所生活的地理环境[2-5]。基于这一观点，Barnes等强调了直接经验以外的通过间接文本、符号以及其他表征系统（如地图、杂志、照片、小说、电影等）来认识和了解世界的方式[6]。这本质上是一个地理知识生产和传播的过程。总体来说，既有的人文地理学研究对知识生产与传播相关议题的讨论已经有了相当规模的积累。然而，较为遗憾的是，既有的研究过于关注日常生活这个场域。而学校作为知识生产和传播更加正规的场域，却因其习以为常的角色导致了其在已有人文地理研究中被忽视。尤其是对于初级学校学生而言，他们的观念和意识正处在可塑造阶段，对知识生产和传播还缺乏判断力，在这种情况下，知识生产和传播对于他们意识形态的塑造将产生有不可逆的影响。为了尝试探究中学地理教材对学生空间身份意识、身份和认同的可能影响，上述依据将作为本研究主要的理论基础和学理依据。

从现实意义来讲，内地、香港和澳门三个地区的国家和地方意识、身份和认同素来是一个值得深刻讨论的重要文化地理议题。自中国政府对香港和澳门恢复行使主权以来，它们成为中国的特别行政区，分别推行“港人治港”“澳人治澳”，享有高度的自治权。但香港本土意识中具有鲜明的历史特征。在港英政府时期，英国采取了文化帝国主义政策，即通过文化支持，包括开办英式学校、出版刊物等影响了香港文化，逐渐确立了西方文化和话语的霸权地位[7]。英国长期的文化霸权，尤其是其对香港教育系统的干涉，对香港居民国家和地方意识的错位产生了深远影响。香港民意调查显示：随着社会变革的深入，香港居民的国家和地方意识近年来危机渐出[8]。而作为具有相同历史地理背景的澳门，其国家和地方意识的演化却与香港大相径庭。民意调查显示澳门居民的中国国民意识出现日渐增强的亲和性[9]。这似乎也能从学校教育中寻得原因。在澳葡政府时期，葡萄牙的主要目的是寻求立足于东西方之间的贸易中介，以期将澳门变为贸易中转地，其专注于生活环境和以教会为中心的宗教交流基地的建设，并未将澳门视为具有独立城市功能的地区进行综合建设。因此，澳葡政府时期，澳门的公民教育并没有引起殖民统治者足够的重视。第二次世界大战之前，葡萄牙对澳门教育的干涉主要是采用宗教教育取代公民教育，其对地方意识的涉猎相对来说是较少的[10]。从上述历史情况来看，教育对居民国家和地方意识的形成有着深远影响。为维护祖国统一，本研究立足内地、香港和澳门三个地区的中学地理教材，探究其分别对三个地区居民地方意识形成的影响，具有一定的现实价值。

基于上述理论和现实依据，研究主要关注了内地、香港和澳门三个地区所选中学地理教材的差异，尝试以窥豹一斑的方式建立其与三个地区居民的地方意识、身份和认同差异之间的联系，进一步讨论（初级）教育与文化地理之间的关系。学校教材能在一定程度上反映社会的主导知识，且教材常常被认为是权威的，其对于下一代意识的形成至关重要[11]。过去的地理教育教材研究多是基于教育学进行的，很少从文化和空间身份认同等视角展开，而香港和澳门在教材的编写和选取方面也各自都有其独特性。因此本研究基于对三个地区主流教材的对比分析，旨在讨论其地理知识生产和传播的差异性，探究它们如何参与地方身份和认同的建构及其区别，一方面有助于促进三个地区之间的交流与理解；另一方面有助于理解学校这个场域与文化地理之间的深层关系。

二 身份认同与空间身份意识

身份认同是一个跨学科概念，涉及哲学、社会学、心理学和地理学等多学科。一般来说，身份认同是指特定群体和个体形成的强烈的自我意识和归属感，在一定的符号、理念和行为方式的界定下，分辨出“自我”与“他者”的不同，进而产生系统的内整、排他与防范[12]。这是一个以认知、情绪体验和行为模式等为特征的复杂心理结构，是个人或集体确定自我身份的重要方式。根据不同属性，人的身份认同又可进一步被细分。比较权威的细分标准包括塞缪尔·亨廷顿[14]的六分法，即归属性的、文化性的、疆域性的、政治性的、经济性的和社会性的身份认同，其中疆域性的身份认同可以被理解为地理性的。

地理学（尤其是文化地理学）对身份认同的关注是多元的，其具体体现是既对不同尺度地理单元的身份认同有所关注，又对基于空间位移产生的地理身份认同变化有所关注。具体而言，文化地理学家对从家的尺度到社区、城市、区域和国家尺度的地理身份认同都进行了持续的研究。如在家的尺度上，以鄂尔多斯城市新区为研究对象，在一个几近空白的地理单元上，讨论了人们对“家”的归属感是如何建构起来的[15]；在社区尺度上，关注了社区地标景观对于社区认同构建的重要意义[16]；在城市尺度上，以北京和上海的两个艺术区为切入点，探讨了艺术区在城市地方性塑造过程中的作用[17]；在区域和国家尺度上，从流行文化视角切入，基于大众媒介对人的空间归属感的唤醒，分析解剖了其背后的文化与地理价值[18]等。此外，许多社会文化地理学家还关注了产生空间位移的人群的地理身份认同变化。如中国城乡迁移大背景下城市新移民和外来务工者的地方身份认同研究[19,20]；以云南丽江为例，对不同类型旅游移民地方身份建构的不同规律和机制的探讨[21]；从跨境的角度，对在韩中国朝鲜族的社会网络地理特征对其中国身份认同影响机制的细致破解[22]等。当然，虽然穷尽文化地理学对身份认同的研究很难，但从汗牛充栋的相关文献中，可以发现：空间的身份认同一直是文化地理学研究领域的一个重要命题。

与本研究更加相关的是，有一部分学者对基于中小学教育的国家和地方认同建构以及香港和澳门地方认同研究展开了探索性的工作，但是仍有较大的讨论空间，这也是本研究尝试努力改善的地方。具体来说，有一部分学者关注了中小学教育与国家和地方认同之间的关系。如从历史地理的角度，通过分析清末由国人编著和出版的地理教材，发现“中国在世界上的位置”、“中国自然资源”以及“中国所遭受西方势力东侵的屈辱和苦难”构成了清末地理教材的主要话语，清末地理教育因此在传授地理知识的同时也成为知识分子建构国家身份的工具[23]；类似地，付海鸿[24]、李智[25]和许志娴等[26]分别以 20 世纪初期小学国文教材、改革开放以来小学语文教材以及当下高中地理教材为例，讨论了地理知识生产和传播对于中国国家身份认同建构的价值和意义。然而，既有的研究缺乏横向的对比研究，尤其是缺乏对内地、香港和澳门的相关议题的对比分析。

也有一些学者对香港和澳门的身份意识进行了讨论。如安东尼·冯（Anthony Fung）探讨了中国政府对香港恢复行使主权以来文化层面的因素对于香港居民空间身份意识的影响，提出以一个“国家和地方杂糅的”空间身份意识的模式来理解香港的地理认同[27]；

通过将香港的空间身份意识置于其复杂的历史语境下，司徒薇（Mirana May Szeto）分析了在受欧洲中心主义和华夏中心主义两种文化因素影响下的香港的身份政治的演变[28]。此外，大众媒体和流行文化元素也是探讨研究香港空间身份意识的重要切入点。如，王庆华[29]和陈薇[30]分别从传媒学的角度探讨了媒体舆论传播策略对于香港空间身份意识的建构和影响机制；陈林侠从内地影视作品的叙事以及其在内地与香港的传播情况出发，讨论了大众媒体的商业性及其与地方身份意识之间的细致联系[31]等。然而，已有文献缺乏文化地理学视角下的对澳门空间身份意识的关注，缺乏内地、香港和澳门三个地区的横向对比研究。更为重要的是，对文化视角的过于依赖导致缺乏对初等教育及其对空间身份意识的影响机制的关注。

鉴于已有研究的不足，本研究尝试从中学地理教育角度（尤其是通过对教材的分析）来讨论内地、香港和澳门三个地区居民当下的空间身份意识与（初级）教育之间的可能联系。下文将具体从分析数据、分析方法、分析结果及其文化地理意义出发进行详细的阐述，以期为文化地理研究和地理教材分析提供一种新的视角。

三　内地、香港和澳门三个地区中学地理教材使用概况

1. 内地中学地理教材

内地对地理教材编写和使用实施“一标多本”的审定制。根据正式出台的中小学课程标准，国家教育行政部门通过设立教材审查机构，对出版单位编制的各类教材进行审查与评估，在审定通过后便准予出版使用。在这一制度下，国家教育行政部门对教材的引

导和监督是严格按照相应课程标准和审查机构的要求进行的。内地的《义务教育地理课程标准》是由中国课程标准制定小组制定的，制定小组成员主要是高等院校的学者及中小学教育领域的一线地理教师。当前，我国出版的初中地理新课程实验教材共有七个版本，分别为：人民教育出版社版本（人教版）、湖南教育出版社版本（湘教版）、中国地图出版社版本（中图版）、广东人民出版社版本（粤教版）、商务印书馆版本（星球版）、山西教育出版社版本（晋教版）以及大象出版社版本（大象版）。通过对内地 31 个省级行政区教育机构的网站访问、邮件和电话咨询以及对来自 31 个区域的高校学生进行访谈发现：在内地，人教版的初中地理教材使用比例较大，约占到 70%，湘教版次之（约 10%），其他版教材共计约占 20%。由此可见，人教版教材在内地中学地理教育领域占绝对主导地位。

2. 香港中学地理教材

笔者从香港教育局官网了解到，香港教材的选择方式主要为“选定制”。香港教育局负责编写每个科目的教学大纲，出版商根据教学大纲邀请专家和一线地理教师共同编写教材。那些有意纳入教育局“适用书目表”的出版商将把教材送交教育局审核，审查合格的教材将被列入教育局编制的“适用书目表”，进而使得合适的教材可用于各个科目的学校教学当中。2017 ~ 2018 学年香港教育局的“适用书目表”列出了八套不同类型的初中地理教材，包括《地理看世界》（香港大学出版）、《华夏地理》（华夏文化出版有限公司出版）、《地理与生活》（文达 · 名创教育编写出版）、《2012 版新世纪地理》（龄记出版有限公司出版）、《2017 版新世纪地理》（龄记出版有限公司出版）、《2012 版初中互动地理》（雅集出版社有限公司出版）、《2017 版初中互动地理》（雅集出版社有限公司出版）以及《初中活学地理》（牛津大学出版社〔中国〕有限公司出版）。此外，学校教师还可以运用他们的专业知识来为本校学生量身定制学习资料，即校本课本，以满足不同学生的学习需求，同时教师也可以为学生选择“适用书目表”以外的教材。通过网站访问、邮件咨询以及访谈的方式发现：《2012 版初中互动地理》（下称雅集版）为香港所采用的主流中学地理教材，使用率约为 80%。

3. 澳门中学地理教材

澳门的中学教育情况与内地和香港都有所不同。具体来讲，澳门采取的是“三文四语”模式，即在澳门设有中文学校、葡萄牙语学校、中葡语学校和英语学校。但是，澳门大多数学校是私立的，主要由教堂或社会团体来管理。因此，正规教育学校主要分为教会学校和普通学校两类，学生根据不同的需求可以选择合适的学校。在教材使用上，澳门地区不像香港那样有本土地理教材，因此通常采用内地版、香港版或台湾版地理教材作为教学参考，并于 2015 年出版了《澳门地理》作为补充地理教材。澳门学校拥有自主选择教材的自由，学校会根据自身情况选择合适的教材。本研究于澳门青年教育局官网上查询了澳门 35 间开设了中学阶段教育的学校，并通过邮件咨询、电话访问以及对来自澳门地区的高校学生进行访谈等方式获取了其中 24 间学校的地理教材使用版本类型。分析发现，普通学校主要采用了人教版、湘教版、中图版、雅集版和台湾版五种类型的地理教材，其中人教版使用率最高，约达 70%；而教会学校主要使用了人教版、湘教版、雅集版和台湾版四种类型的地理教材，其中也是人教版使用率最高，约达 60%。整体来看，人教版地理教材在澳门中学地理教育过程中扮演着重要的角色。

四 数据与方法

研究发现，人教版地理教材在内地和澳门的使用率很高，而雅集版地理教材在香港的使用率最高，各自都在 70% 左右。因此，本文选取人教版地理教材和雅集版地理教材作为主要分析对象。其中，人教版地理教材选取的是 2012 年编订的人教版初中地理教材，它共包括 4 本，学生学习阶段为七年级和八年级，主要由“认识地球”“认识世界各大洲和国家”“认识中国自然概况”“认识中国四大地形区”四大部分内容组成；雅集版地理教材选取的是 2012 年编订的雅集版初中地理教材，它共 6 本（c1 ~ c6），学生学习阶段为中一到中三，其中主要由六大核心议题组成：“明智地运用城市空间”“与自然灾害共处”“粮食问题”“水的烦恼”“制造业的全球转移”“争夺能源”。

基于上述数据，本文采用 NVivo 分析的方法对教材文本进行了编码处理（见表 1 和表 2）。首先，对人教版和雅集版地理教材的有关空间身份认同的描述分别进行了开放式编码，进行文本主题和概念的揭示，每个编码被初始命名为一个自由节点；其次，进行主轴编码；再次，审视上一环节的自由节点进行二次编码，建立自由节点间的相互关联，由此分别形成了若干独立群组。人教版地理教材有六个群组：国家立场、国家疆域、国家定位、地理知识的情景体验、民族和国家的历史文化唤醒以及民族自豪感（见表 1）；雅集版地理教材有七个群组：全球公民、中国描述、城市定位、地理知识的情景体验、日常生活中的地理现象、“异化的”空间表述以及历史文化唤醒等（见表 2）。在此基础上，深入分析上述两种教材及其独立群组间的联系，并考虑教材编写主体、对象及其社会文化背景，最终将上述不同群组归纳为三个核心维度：尺度维度、空间知识传播的参与维度、空间归属的唤醒维度。最后，将以其中的独立群组为分析内地、香港和澳门空间身份的基础，并从核心维度切入深度解析地理教材如何参与身份认同的建构。

表1　人教版地理教材主轴编码和选择编码情况

选择编码	主轴编码	材料来源数	参考点数	参考点例
尺度维度	国家立场	2	9	各民族自治地方都是中华人民共和国不可分割的组成部分
	国家疆域	4	16	俄罗斯与我国有绵长的边界线
	国家定位	3	22	21世纪，我国加强工业研发和技术创新，正在向制造业强国迈进；“伟大祖国”辽阔土地上，组成统一和谐的中华民族大家庭
空间知识传播的参与维度	地理知识的情景体验	3	7	理解土地基本国策，为土地问题提建议
空间归属的唤醒维度	民族和国家的历史文化唤醒	4	27	黄土高原是古代文明的摇篮
	民族自豪感	2	6	我国是世界上最大的发展中国家，中华民族走上复兴之路取得了举世瞩目的成就

表2　雅集版地理教材主轴编码和选择编码情况

选择编码	主轴编码	材料来源数	参考点数	参考点例
尺度维度	全球公民	4	19	国民和全球公民身份认同
	中国描述	2	12	中国能否生产足够的粮食养活全国人口
	城市定位	4	27	香港是个发展成熟的城市

续表

选择编码	主轴编码	材料来源数	参考点数	参考点例
空间知识传播的参与维度	地理知识的情景体验	4	15	写信给行政长官,为香港如何可持续地满足能源需求提供建议
	日常生活中的地理现象	2	3	“中国内地”的人移居香港造成人口急增
空间归属的唤醒维度	“异化的”空间表述	6	25	对“中国内地”和“本港”等概念的强调
	历史文化唤醒	2	3	香港曾受英国的殖民统治

五　研究发现

1. 内地、香港和澳门中学地理教材中的尺度维度

基于对所选教材文本的解析，研究发现中学地理教材对于与空间身份意识相关的地理知识的生产和传播主要是从三个维度来实施，包括尺度、参与以及唤醒。从地理教材整体的关注点来说，尺度维度是极其重要的宏观叙事维度，决定了哪些地理尺度（如全球、国家、区域、城市、社区等[32]）是中学地理教育需要重点关注的方面。从这个角度来看，在内地和澳门地区通行的人教版地理教材与在香港地区通行的雅集版地理教材存在显著差异。

具体来说，人教版地理教材的叙事尺度比较集中，主要集中在“国家”尺度上，对国家立场、国家疆域、国家定位等有极其详尽的记叙。由于我们国家国土面积广阔，全国大部分地区使用同一版本教材，因此人教版教材较少提到一些极具有地方特色的乡土地理参考范例，对地方性地理教学的指导较为欠缺。同时，人教版教材

针对某一地理现象的描述，通常会结合全国各地的情况加以说明，使得学生对中国概况有一个全面的认识。教材往往会通过展示国家全域图，譬如“中国的省级行政区域图”“中国的人口分布图”“中国的主要土地利用类型的分布图”等，对中国进行系统的介绍。例如，在八年级《中国地理》的第一章《从世界看中国》中，教材从疆域、人口、民族三方面介绍中国，描述了中国在世界上的优越地理位置，指出中国是一个海陆兼备的大国、世界上人口最多的国家；而在八年级《中国地理》的最后一章《中国在世界中》，教材介绍了新中国成立以来在工业发展、改革开放、经济持续增长等方面取得的举世瞩目的成就，并说明中国在积极参与国际事务，展现一个负责任大国的形象。其中，在对中国经济的介绍中，列举了一系列排名靠前的领域，强调中国发展迅速的客观事实及其在世界上的位置，凸显了中国日趋强盛的国力。通过展现日益强大的祖国，来塑造学生强烈的国家归属感和认同感。当然，值得强调的是，虽然人教版地理教材在“国家”尺度的地理状况介绍方面更为突出，但是其并不排斥“区域”和“全球”等叙事尺度，往往将其他尺度的叙事嵌套在“国家”尺度的叙事网络中。

相对来说，雅集版地理教材的叙事尺度比较多元，其对全球、国家和城市尺度上的叙事都进行了关注和强调。从编码结果来看，虽然雅集版教材对中国在国家这一尺度上的叙事有所涉猎（教材对中国的介绍主要集中在教材 c3《粮食问题》和 c4《水的烦恼》部分，通过介绍中国的农业和水资源的状况帮助学生学习自然地理，但没有关于中国风土人情的描述），但对全球和城市尺度的地理叙述更加侧重。一方面，研究发现香港教育局在其官网“课程发展”模块列举了“中学教育的七个学习宗旨”，被列于首位的是

"国民和全球公民身份认同"。一般来说，对"全球公民"的认同往往表现为对西方发达国家生活方式、消费文化及身份的模仿和认同。因此，各个国家和地区的消费者已经策略性地发展出全球身份和本土身份双重认同[33]。从雅集版教材的内容中可以看出，他们更为侧重对"全球公民"身份的定义，把香港国际化的特征具象化。另一方面，重要的是，雅集版教材多采用香港本地教学素材，更多地从城市尺度去传播地理知识和帮助学生认识自己身边的地理现象。以教材 c1《明智地运用城市空间》为例，雅集版教材以议题的形式介绍了香港市区土地利用类型和分布情况，并以香港本地的图片和案例素材介绍香港工业区、住宅区、商业区的分布，以香港当前的城市问题为例，探究香港城市问题的解决及推动可持续发展的方法；在教材 c5《制造业的全球转移》对香港工业的描述中提到 20 世纪 50 年代香港制造的玩具印有"帝国制造"而非香港制造；而在描述香港城市问题的议题中，提到香港从 20 世纪 60 年代开始从国际制造业中心蜕变为国际金融中心。整体来说，雅集版教材通常借助香港这个特殊的地理语境来帮助学生理解更加普适化的地理现象。相比其他空间，香港在这一教材中被高亮化，被标记上了"制造中心""金融中心"等符号，这有助于学生分辨出香港与世界其他城市的区别，使得学生更好地认识自己所生活的城市，获得身份意识并加强其认同。但是，由于长期过分强调学生所在城市的身份，而忽视了对学生中国国家意识的培养，尽管中国政府对香港恢复行使主权已经 20 余年，香港社会经济文化与内地的联系也越来越紧密，但是曾经的违法"占中"事件和近期频繁上演的闹剧也或多或少地反映出香港中学生教育失策所带来的问题。

2. 内地、香港和澳门中学地理教材中的知识传播参与维度

地方身份认同是社会个体对某个空间的自我感知的一部分，通过对地方意义的体验和诠释往往有利于其对地方身份认同的建构[34]。在特殊情境和文化的空间载体中，参与者通过参与性的活动，能够深入地体验其营造的情境，并能够从这种体验中获得认同感[35]。从这个意义来讲，学生如何在地理学习中学会确立自身社会角色并发挥角色作用，是其空间身份意识形成的重要内容。因此，参与性也成为中学地理教材经常采纳的一种知识传播维度。然而，编码分析发现参与维度在雅集版地理教材中的体现要更加强烈和明显一些，共计有 18 个参考点；而人教版地理教材对参与维度的使用明显偏少，只有 7 个参考点。

总体来说，雅集版地理教材体现的地域性更强，它通常基于香港本地问题提出相关议题，通过学生学习过程中的“角色赋予”形式在教材中向学生传输参与香港发展的方式，向学生呈现了一个饱满的全景式的香港景象。具体来说，雅集版地理教材采用“提出议题→香港对应素材→参与香港建设”这样的学习路径进行。譬如，在教材 c1《明智地运用城市空间》部分，其首先在第一节提出香港有什么城市问题，并在第二节列举香港内城区衰落的特征，接着在第三节提问为什么香港出现这些城市问题，配合“实地考察”材料《内城区城市问题大搜查“湾仔”》及“活动”中的材料《九龙东大变身》，促使学生对香港城市建设和规划进行探究，向学生提问市民可以为保护环境做什么。除此之外，雅集版教材 c2《与自然灾害共处》中的练习提出：当政府发出山泥倾泻警告时，我们市民应该做什么；教材 c6《争夺能源》中的练习提出：写一封信给行政长官，为可持续地满足香港未来的能源需求提出一些建议。总之，雅集版教材基于香港本地问题，以议题形式提出疑问，并在教材中向学生传输参与香港发展的方式。因此，学生在学习过程中，可以通过“角色赋予”参与到香港本土身份认同建构过程中。

对比雅集版，人教版地理教材尽管在活动环节也有设计学生参与提供建议的部分，但其空间身份意识参与性较弱。例如，人教版八年级上册《土地资源》这节的活动中，要求学生理解我国的土地基本国策，并作为沙漠、雪山等难利用用地的“土地规划者”，提出合理的使用和保护措施；在七年级上册《人类的聚集地——聚落》这节的活动中，提问：如果作为旅游者前往丽江，可以做些什么来保护丽江古城？尽管人教版教材对学生有角色定位，但却没有十分明显的特征，无法参与地理空间定位，即缺乏“定点带入”，学生难以形成强烈的身份意识和感情。

3. 内地、香港和澳门中学地理教材中的空间归属唤醒维度

除了参与维度之外，研究发现空间归属唤醒维度也是中学地理教材对于学生空间身份意识塑造的最直观体现。通过编码得知，中学地理教材的空间归属唤醒主要是通过两种方式来达成：一种是结构性的，即构建出“异化的身份”从而凸显出“自我”；另一种是情感性的，即通过对人、对空间（或地方）的情感联结的重塑或强调来描述人的空间身份归属。

首先，雅集版地理教材对结构性的空间归属唤醒维度更加依赖（虽然也有少量的参考案例证明雅集版地理教材的空间归属唤醒不仅是结构性的，也有情感性的，但总体很少）。这种结构性的唤醒维度往往通过话语表述的方式对“异化的他者”或“我者”进行强调，从而更好地定义和理解自己的空间身份意识，增强自我的地方认同[36]。具体来讲，雅集版地理教材在描述中国内地和中国香港这两个区域时的话语表述颇为讲究。一方面，其对在国家尺度上的地理知识的描述是没有附带情感的陈述，往往采用“他者”角度进行凝视，多用“南中国”“中国东部”“大陆”“内地”等字眼，而非“我者”视角的表述（如“我们国家”和“祖国”等）。另一方面，雅集版教材在使用香港地理素材的时候却强化了“我者”的视角，多采用类似“本港”的表述方式。如，在教材 c1《明智地运用城市空间》关于香港城市问题的解决中提出，“巴士公司及电力公司可分别采用低排放巴士及较洁净燃料发电，以改善本港空气质数”；教材 c3《粮食问题》中写道，“中国内地是本港新鲜食物的主要来源地”；教材 c5《制造业的全球转移》中描述道，“中国爆发内战，大量移民从内地涌入香港，带来许多劳动力。当中不少是拥有资金和技术的企业家，促进本港纺织业及塑料业等轻工业的发展”等。认知“自我”的基点是“他者”，人往往通过他者、通过这种结构性的二元关系认识自身。因此，正是自我与他者所建构的话语结构，促使人们能判定自己的位置和空间身份意识。

然而，相比雅集版地理教材对结构性唤醒维度的依赖，人教版地理教材更加倾向于通过情感性的方式对学生的空间归属感进行唤醒。这种情感唤醒主要表现在两个方面：对文化同一性的强调以及对民族认同感的塑造。在文化层面，人教版地理教材惯常引用古诗、历史典故，抒发地方感情，利用历史故事以及文化古迹引起共鸣，从而来表达中国一体的观念。譬如，人教版地理教材在对《祖国的神圣土地——台湾岛》这节内容的介绍中，引用了《乡愁》一诗，描述了台湾与大陆之间浓浓的感情，在文字的右侧配以“台南市的郑成功塑像”图，并结合“阅读材料”进一步说明台湾与大陆的历史联系，说明台湾自古就是中国的一部分。正如解释人类学家克利福德·格尔茨（Clifford Geertz）对文化的理解，文化是“人类自己编织的意义网络”，作为意义的编织者时，“人”不是一个抽象的存在，而是始终为他所在的特殊民族和地域习俗所塑造[37]。人教版地理教材对地理知识的叙述浸透着中国传统文化，传达出中华源远流长、绵延不绝的文化，促进了人们的家国意识以及中国理念的建构。

此外，人教版地理教材所引用的素材也通过塑造民族自豪感的方式不断强化学生对作为“中国人”的身份认同。虽然，民族被认为是一个“想象的共同体”，但这绝不是虚构的共同体，而是与历史文化变迁相联系，并通过历史积淀而植根于人们深层意识中的心理建构[38]。人教版教材第三册和第四册开始介绍中国地理，第三册在第一章《从世界看中国》便通过疆域、人口、民族这三部分内容来使学生对中国形成初步认知。在对中国民族的介绍中，融入了强烈的民族认同感，以加深学生对作为“中国人”的身份认同。例如，在教材的民族这一部分内容中，中华民族是一体的“大家庭”被反复提及，而在行政区划中再次强调各民族自治地方都是中华人民共和国不可分割的组成部分，重申国家民族的一体性。同时，教材也极力赞美各民族文化及其对中华民族的贡献，表明各民族在建筑、饮食、风俗、节庆、艺术等方面的文化共同组成了中华优秀传统文化。肯定了新中国成立以来，我国民族区域自治地方在认真贯彻国家的民族政策基础上，在政治、经济、社会、文化等方面所取得的巨大的进步和发展。教材中展现的多元一体的民族文化格局是中国国家身份认同的历史基础。

总之，内地、香港和澳门三个地区的中学地理教材（表现为人教版和雅集版）在地理知识生产和传播的维度上有较大区别（见图1）。从尺度维度来说，人教版地理教材的叙事尺度主要立足于国家，对国家立场、国家疆域、国家定位等有极其详尽的叙述；而雅集版地理教材的叙事尺度则相对比较多元，对国家尺度的叙事进行了一定程度的弱化，却强化了对全球以及城市尺度的叙事。从参与维度来说，雅集版教材较人教版更具参与性，它通常基于香港本地问题提出相关议题，并在教材中向学生传输参与香港发展的方式，有助于学生在学习过程中通过“角色赋予”参与香港本土身份认同建构；而人教版教材虽然有涉及参与维度，但是其参考点少、“定点带入”较弱，对于学生空间身份意识的引导效果不会很理想。最后，从空间归属的唤醒维度来讲，雅集版地理教材更具结构性，强调对“我者”和“他者”空间的话语表述差异，从而凸显了对香港的亲近性；而人教版地理教材则更具情感性，常常将古诗、古迹、历史典故融入地理学习中，通过历史文化唤醒激活学生的中华民族国家身份认同感与归属感。概言之，两种教材对学生空间身份意识建构各有特色，也存在各自的不足。其中，人教版透过国家观念，构建了强烈的民族和国家身份认同，雅集版则更具香港地域性。雅集版教材对历史性和民族国家性的内容涉猎偏少，不利于学生建构自身的国家和民族意识，容易使得学生在地方意识和国家意识之间产生身份错位。而人教版教材在地方参与性建构方面存在不足，会导致学生难以形成乡土情怀，对自身长期生活的地理空间产生疏离感。一旦雅集版教材所建构的“自我”具有中国的国家属性，便有助于将爱香港和爱国结合起来。而中国内地教材如果在人教版的基础上补充更多的乡土地方教材，也会有利于同时构建地方认同和国家认同。

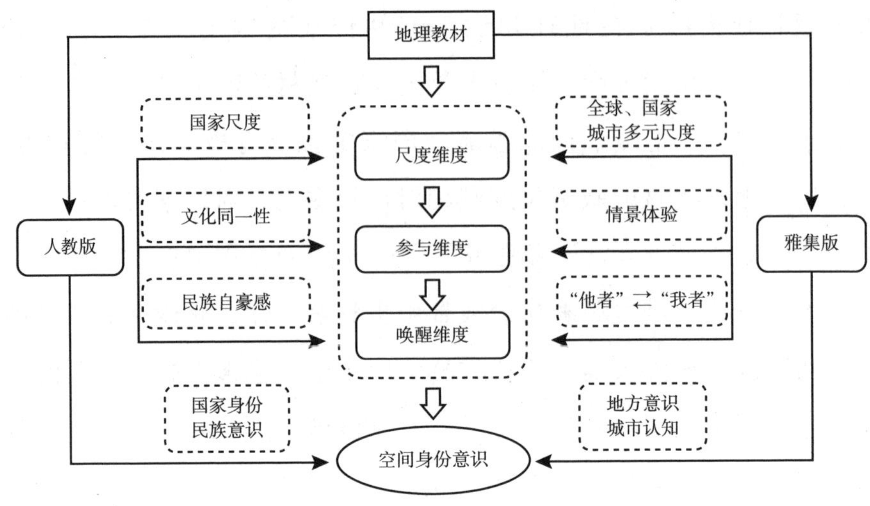

图1　地理教材的身份认同建构路径

六　结论与讨论

从与内地的交流情况来看，回归祖国后的香港和澳门在国家身份认同方面还是存在差异的，这虽然有“先天性”的历史原因，但“后天性”的教育选择也是不容忽视的因素。由于英国殖民统治所带来的西方文化的强势影响，香港本土意识具有明显的无根性和游离性[7]。由于香港有较强的本土性和狭隘的地方性，港英政府时期受文化霸权的影响较大，加上其自主性较强，香港地理教材很难在短时间内在教育方向上做比较大的改动，表现为地理教材中的身份定位与话语表述很少传递中国历史与文化。而澳门在澳葡政府时期所受的教育管制较弱，多元化碰撞使得澳门文化丰富，加之澳门本地自然资源缺乏，国际贸易没有香港发达，因此更为依赖内地的支持。从研究所分析的内地、香港和澳门中学地理教材的使用情况来看，教育的确在塑造三个不同区域关于“中国”的国家意识以及区域和地方等空间身份意识层面扮演着重要的角色，实实在在地对三个地方居民的空间身份意识产生了不可逆转的影响。诚然，研究并不是去讨论中学地理教材对于三个区域居民空间身份意识的直接影响，而是只是尝试从内地、香港和澳门三个地区居民当下复杂的空间身份意识出发，从初等教育中寻找原因，而分析的结果很好地印证了这一假设。

学校教育应当为国家文化安全、社会经济发展和政治改革提供一个良好的教育文化基础。处于初等教育阶段的青少年更易受到学校教育的直接且明显影响，他们的世界观、人生观和价值观尚未完全形成，学校教材、教师的引导，将对学生意识形态的塑造等具有深远的影响。这就要求学校教育承担起对青少年的身份认同及文化教育的职责，引导学生传承文化传统、解读民族精神，增强学生民族文化认同及其对民族文化的自豪感和自信心，从而使得学生对自我身份产生全面而深刻的认知，增强其国家民族身份认同感和地方认同感。

身份认同向来都是多重的，随着历史的发展与人们交往范围的越来越大，人们的社会身份也就越来越多重。香港、澳门由于其特殊的历史背景、制度政策原因，其居民身份的多重性便更加复杂。但随着中国政府对其恢复行使主权，有越来越多的人认为自己既是具有地方意识的香港人/澳门人，也是具有国家和民族意识的中国人，香港和澳门两个地区人们的地域文化认同与国家认同的重叠部分越来越多。人教版和雅集版地理教材根据各自使用对象的差异建构了不同的地理知识生产和传播维度，对身份认同的建构方式和内容各有特点。本文通过文本分析的方法从身份认同的视角去审视教材，从地理教育领域认知内地、香港和澳门三个地区的身份建构与认同，以期为内地和港澳关系问题研究提供新的方向。此外，研究也期望未来相关职能部门的教育教材改革能够关注到这一现象，并从现实的角度为构筑我们国家的共同记忆做出贡献。

参考文献

[1] 舒志定：《论理解学校教育现实性的三种维度》，《教育研究》2014 年第 1 期。

[2] 周尚意、戴俊骋：《文化地理学概念、理论的逻辑关系之分析——以“学科树”分析近年中国大陆文化地理学进展》，《地理学报》2014 年第 10 期。

[3] 钱俊希、朱竑：《新文化地理学的理论统一性与话题多样性》，《地理研究》2015 年第 3 期。

[4] Jackson P., *Maps of Meaning*, London: Routledge, 1989.

[5] Crang M., *Cultural Geography*, London: Routledge, 1998.

[6] Barnes T. J., Duncan J. S., *Writing Worlds: Discourse, Text and Metaphor in the Representation of Landscape*, London: Routledge, 1992.

[7] 杨晗旭：《香港本土意识中的后殖民主义——滞碍香港人国家认同建构的文化内因探析》，《港澳研究》2014 年第 3 期。

[8] 陈丽君：《香港同胞中国国民意识变化探析》，《重庆社会主义学院学报》2014 年第 2 期。

[9] Yee H. S., Liu B., Ngo T-W., *The Political Culture of the Macau Chinese*, Macao: Macau Foundation, 2011.

[10] 陆平辉：《试论澳门特区的国家认同和民族认同建设——纪念澳门回归祖国十周年》，《学习与探索》2009 年第 6 期。

[11] Ide T., “Critical Geopolitics and School Textbooks: The Case of Environment-Conflict Links in Germany”, *Political Geography*, 2016, 55 (1).

[12] 徐玉祺、任雪萍：《思想政治教育的认同困境探析》，《延安大学学报》（社会科学版）2013 年第 3 期。

[13] 张淑华、李海莹、刘芳：《身份认同研究综述》，《心理研究》2012 年第 1 期。

[14] Huntington S., *Who Are We? The Challenges to America's National Identity*, London: The Free Press, 2005.

[15] 尹铎、钱俊希、朱竑：《城市新区作为“家”的表征与实践——以鄂尔多斯康巴什新区为例》，《地理科学进展》2016 年第 12 期。

[16] 王爱平、周尚意、张姝玥等：《关于社区地标景观感知和认同的研究》，《人文地理》2006 年第 6 期。

[17] 周尚意、杨鸿雁、孔翔：《地方性形成机制的结构主义与人文主义分析——以 798 和 M50 两个艺术区在城市地方性塑造中的作用为例》，《地理研究》2011 年第 9 期。

[18] Liu C. , An N. , Zhu H. , “A geopolitical analysis of popular songs in the CCTV Spring Festival Gala, 1983 – 2013”, *Geopolitics*, 2015, 20 (3).

[19] 赵向光、李志刚：《中国大城市新移民的地方认同与融入》，《城市规划》2013 年第 12 期。

[20] 李如铁、朱竑、唐蕾：《城乡迁移背景下“消极”地方感研究——以广州市棠下村为例》，《人文地理》2017 年第 3 期。

[21] 袁超、陈志钢：《不同类型旅游移民的地方认同建构研究——以丽江古城为例》，《浙江大学学报》（理学版）2017 年第 2 期。

[22] 周尚意、李银河、Youngmin Lee：《在韩中国朝鲜族社会网络地理特征对其中国认同的影响》，《世界地理研究》2016 年第 3 期。

[23] 何思源：《地理书写与国家认同：清末地理教科书中的民族主义话语》，《安徽史学》2016 年第 2 期。

[24] 付海鸿：《“地理知识”、“识字教育”与“国家认同”——从民国时期小学堂国文教科书谈起》，《广西民族师范学院学报》2014 年第 1 期。

[25] 李智：《“中国想象”塑造的变化——对 1978 年后两版小学语文教科书的对比分析》，《社会科学论坛》2014 年第 10 期。

[26] 许志娴、陈忠暖：《中学地理教育与构建国家认同的探讨——基于高中地理教材关键词词频的分析》，《地理教育》2013 年第 1 期。

[27] Fung A. , “Postcolonial Hong Kong Identity: Hybridising the Local and the National”, *Social Identities*, 2004, 10 (3).

[28] Szeto M. , “Identity Politics and Its Discontents: Contesting Cultural Imaginaries in Contemporary Hong Kong”, *Interventions*, 2006, 8 (2).

[29] 王庆华：《媒体舆论对港澳民众意识认同的影响分析》，《改革与开放》2017 年第 12 期。

[30] 陈薇：《香港身份认同的媒体建构：社会建构论的视角》，《港澳研究》2017 年第 1 期。

[31] 陈林侠：《香港的焦虑：政治意识、“再殖民”及其身份认同的前瞻——以〈建国大业〉、〈风声〉在香港的传播为核心》，《戏剧（中央戏剧学院学报）》2010 年第 2 期。

[32] 刘云刚、王丰龙：《尺度的人文地理内涵与尺度政治——基于 1980 年代以来

英语圈人文地理学的尺度研究》,《人文地理》2011 年第 3 期。

[33] Jeffrey Jensen Arnett, "The Psychology of Globalization", *American Psychologist*, 2002, 57 (10).

[34] Harner J., "Place Identity and Copper Mining in Senora, Mexico", *Annals of the Association of American Geographers*, 2001, 91 (4).

[35] 蔡晓梅、朱竑:《高星级酒店外籍管理者对广州地方景观的感知与跨文化认同》,《地理学报》2012 年第 8 期。

[36] 林尚立:《现代国家认同建构的政治逻辑》,《中国社会科学》2013 年第 8 期。

[37] Geertz C., *The Interpretation of Cultures*, New York: Basic Books, 1977.

[38] Anderson B., *Imagined Communities: Reflections on the Origins and Spread of Nationalism*, London: Verso, 1983.

The Impact of Junior Middle School Geography Textbooks upon Regional Identity at Mainland China, Hong Kong and Macao

An Ning, Zeng Min

Abstract: Focusing on the junior middle school geography textbooks from Mainland China, Hong Kong and Macao, this paper uses the method of NVivo analysis in order to examine the relations between geography education and the awareness of people's space identity. First, for the strategy of scale, this paper finds that the mainstream textbooks in Mainland China and Macao stands majorly on the scale of "state" but never refuses the global and regional scales for narrating the geography, while the mainstream textbooks in Hong Kong weakens the geography narration on the scale of "state" but pays more attention to the scale of "globalization" as well as "city". Second, for the participatingstrategy, the YJ version seems to be easier to get the student to be involved, and this version is endowed with more local elements. Specifically, the YJ version is largely designed on the basis of the local geography materials; but on the contrary, the PEP version is designed with less participating materials, so that it has less impact upon the forming of place identity. Thirdly, for the awaking strategy, the YJ version is much structural, adopting a binary discourse framework of "otherness" and "us" from which the locality of Hong Kong is built up, while the PEP version is more emotional with an emphasis on the historical and cultural arousing of students' sense of nation and state. In a short word, the mainstream textbooks in Mainland China and Macao pay more attention to the conceptual construction of nation/state, while the mainstream textbooks in Hong Kong formulate the strong sense of locality. This finding has responded to the current conscience of place identity in Mainland China, Hong Kong and Macao, contributed to the further discussion of the relations between education and culturalgeography. On the practical level, this study has provided reference for the maintaining of the achievement of the united front as well as the practicing of education and textbook reform.

Keywords: Identity; Knowledge Production; Geography Textbook

港澳青年的国家认同：趋势、现状和成因[*]

夏 瑛[**]

摘 要： 回归以来，澳门青年人的国家认同始终处于极高的水平。相比之下，香港青年人的国家认同水平则经历了先上升、后下降又回升的曲折变化。与较年长群体相比，香港青年人的国家认同水平略低，这与该群体本身的一些特征有关。比如：他们往来内地的频率远低于较年长群体，这可能导致他们对国家缺乏了解；他们对内地人来港购物和工作的态度较为负面，这可能导致他们将日常生活中对内地人的消极印象投射为对国家的负面认知；他们习惯使用社交媒体等互联网媒体获取信息，其所获取的关于国家的信息可能有限或者失真。此外，就香港本地治理而言，香港青年人将“民生”和“法治”看作未来五年最重要的政府治理目标，而非很多“反对派”政治力量所鼓吹的民主政治体制改革。香港青年人的国家认同背后隐藏的是

* 本文受到国家社科青年基金项目“香港人的国家认同研究”资助。

** 夏瑛，中山大学政治与公共事务管理学院、中山大学粤港澳发展研究院副教授，博士生导师。

复杂的经济和民生等本地治理问题，并非根深蒂固的价值性和政治性矛盾。

关键词： 香港　澳门　青年人　国家认同

一　回归以来港澳青年国家认同的变化趋势

香港民调机构从1997年开始每年定期在港进行民意调查，了解香港人的身份认同情况。调查对象为18岁及以上讲粤语的香港市民，从1997年到2003年，通过随机抽样方式每年成功访问500人以上；从2004年开始至今，每年访问人数增加至1000人以上，民调机构根据香港人口的年龄、性别分布对调查结果做加权调整后再向社会公布。

民调中涉及香港人国家认同的问题主要有两个，一是给出一个0～10分的量表，直接询问受访对象在多大程度上认为自己是“中国人”，让其对自己的“中国人”身份给出一个分值；另一个也是给出一个0～10分的量表，询问受访对象在多大程度上认同自己是“香港人”，让其对自己的“香港人”身份给出一个分值。很多民调显示，香港人的“中国人”身份和“香港人”身份之间存在一定张力，尤其是“香港人”身份认同程度高的受访者一般对“中国人”身份的认同感较低。

（一）回归后香港青年人的国家认同水平呈现波动式变化

香港民调一般将年龄在18岁到29岁之间的受访对象作为“青

年人”类别。从已公开的民调数据来看（见图 1），青年人对“中国人”身份的认同水平在回归后的第一个十年（1997～2007 年）都比较稳定，徘徊在 7 分左右，整体呈轻微上升趋势，并在 2007 年达到最高分值 7.4 分。但是，回归后的第二个十年（2008～2017 年），也就是从 2008 年开始，香港青年人的国家认同水平出现大幅且持续的下跌趋势。其中，2008～2014 年的下跌幅度最大，从 6.8 分下降到 4.8 分；而最低分值正好出现在香港“占中”运动发生的 2014 年。但在 2014 年香港“占中”运动之后，青年人的国家认同水平并未继续下跌，反而呈现逐渐上升趋势，尽管这一上升趋势并不明显。从 2017 年公布的最新民调数据来看，2017 年青年人的国家认同水平已经基本恢复到“占中”运动发生之前的水平。

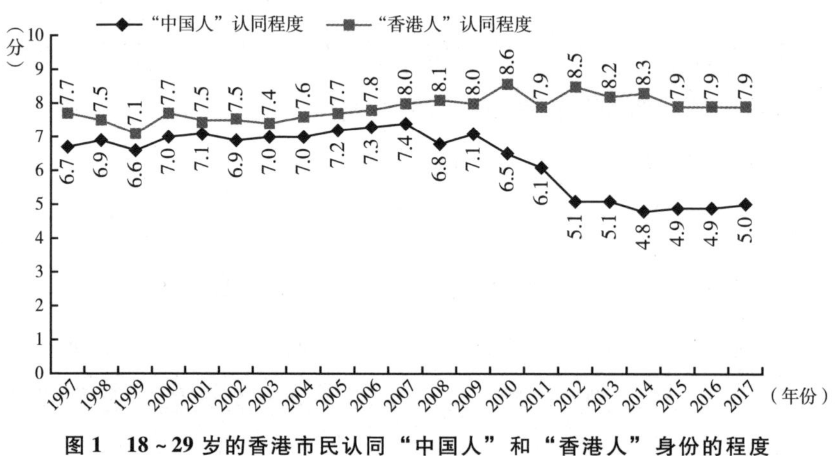

图 1　18～29 岁的香港市民认同“中国人”和“香港人”身份的程度

香港不少媒体认为香港青年人的国家认同和本地认同之间存在“互斥”关系，也就是说，本地认同即“香港人”认同水平高的香港青年人通常表现出较低的国家认同水平；反之亦然。但实际上，香港青年人的国家认同和本地认同之间并不是简单的“互斥”关系。图 1 也展现了香港人本地认同的情况。不难看出，回归二十年来，香港人本地认同的水平比较稳定地维持在8分左右，并没有受到国家认同水平波动的太大影响。整体而言，青年人对本地的认同水平确实始终高于对国家的认同水平，尤其在2008年国家认同水平下跌以来，两种认同水平之间的差距也相应增大了。

（二）香港青年人国家认同水平略低于较年长的香港人

对比18～29岁的香港青年人和30岁及以上香港人的本地认同和国家认同水平，可以发现，这两个人群在本地认同上的水平相仿——二十年来，比较平稳地维持在8分左右（见图2）。但是，两个人群在国家认同水平上的差异比较明显。这种差异表现在两个方面：其一，香港青年人的国家认同水平整体低于较年长人群。其二，这两个人群在国家认同水平上的差异在最近十年表现得更为明显。一方面，较年长人群的国家认同水平在回归二十年内基本维持在7～8分的水平；最近十年虽也有下跌趋势，但下跌幅度较小。另一方面，青年人的国家认同水平却在最近十年经历了比较大幅度的下跌，从原先的7分左右下降到5分左右（见图3）。

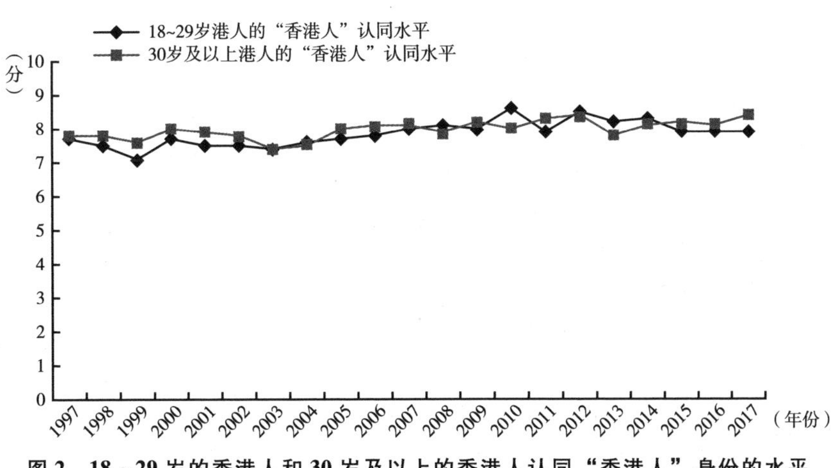

图2　18～29岁的香港人和30岁及以上的香港人认同“香港人”身份的水平

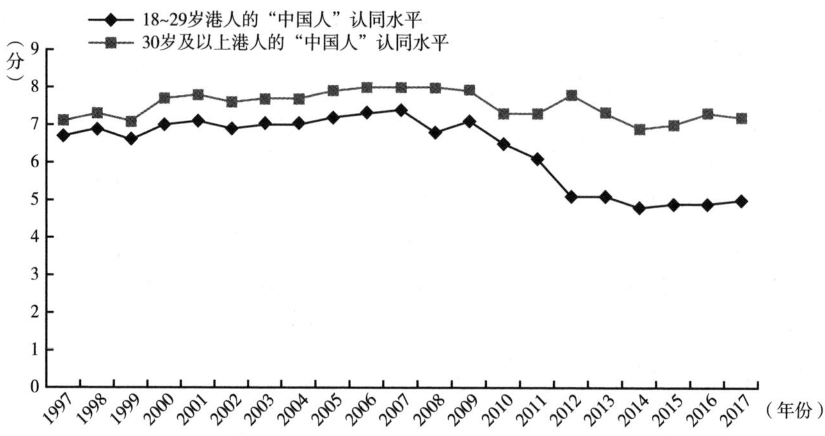

图 3　18 ~ 29 岁的香港人和 30 岁及以上的香港人认同"中国人"身份的水平

（三）澳门青年人国家认同水平普遍高于香港青年人

与香港不同，澳门鲜有针对市民身份认同的大型且持续性的民调数据。根据圣公会澳门社会服务处的数据，1985 ~ 2013 年，仅澳门青年研究协会和澳门中华学生联合总会进行过有关澳门青少年身份认同的调查并向社会公开了调查数据。① 澳门青年研究协会、澳门中华学生联合总会在 2007 ~ 2017 年共对澳门中学生进行过五次"国民身份认同"的调查。2017 年最新的调查数据显示，72% 的澳门中学生认同自己是"中国人"，这个数字比 2014 年的调查数据 55% 有大幅提升。同时，有超过 60% 的澳门中学生对"'中国人'身份对自己来说很重要"持肯定态度，与 2014 年的不到 40% 相比也有很大提高。

澳门青年研究协会和澳门中华学生联合总会 2008 年通过便利

① 圣公会澳门社会服务处：《澳门青年研究回顾及发展 2013》，2014。

抽样调查的方式对澳门五所大学的大学生做了关于其国民身份认同的调查。这项调查发现，有超过九成大学生认同“中国人”身份，这个比例甚至高于认同本地身份的大学生所占比例。可惜的是，在此之后鲜有机构再公布有关澳门大学生或澳门青年人群体国民身份认同水平的调查数据。基于目前已公开的数据资料，我们发现澳门青年群体对“中国人”身份的认同水平明显高于香港青年群体。

二　港澳青年人国家认同的具体含义

中山大学粤港澳发展研究院的研究团队曾在2016年初委托香港中文大学亚太研究所做过一项主题为“香港人的身份认同”的全港抽样调查。[①] 此次调查共成功访问1001位年龄在18岁或以上说粤语的香港市民，其中，18～29岁的受访市民占17.5%，30～49岁的占34.7%，50～59岁的占21.0%，60岁及以上的占26.9%。样本的年龄分布与同期香港人口普查公布的统计数据相仿，从一个侧面体现了本次调查的代表性。与常规民调类似，这项调查使用程度量表的方式测量港人的身份认同，即询问市民在多大程度上认同自己是“中国人”和“香港人”，并让他们在0～10分的范围内为自己的认同度打分，其中“0”代表“完全不认同”，“10”代表“完全认同”。

（一）香港青年人国家认同水平略低于其他年龄层次群体

对比各个年龄层次港人的国家认同和本地认同的平均水平，可

① 2015年年中全港人口的男女性别比例分别为48%和52%，与调查分布非常接近。

以发现，18 ~ 29 岁香港青年人的国家认同水平明显低于较年长的群体（见图 4）。在 0 ~ 10 分的程度范围内，18 ~ 19 岁的香港青年人对“中国人”身份的平均认同分为 4 分，20 ~ 29 岁的略高，但也只有 5 分。虽然年龄越大，国家认同水平越高，40 ~ 49 岁的香港人对“中国人”身份的平均认同分达到 8 分，但更年长群体的国家认同也保持在 8 分的水平上，并未见明显的增加。相比之下，不同年龄层次香港人对“香港人”身份的认同并没有明显的差异，并且都维持在 8 ~ 9 分的高分值水平。因此，整体而言，港人的国家认同不高于本地认同；而青年人群体的国家认同则明显低于他们对本地的认同，也明显低于其他年龄层次港人的国家认同。

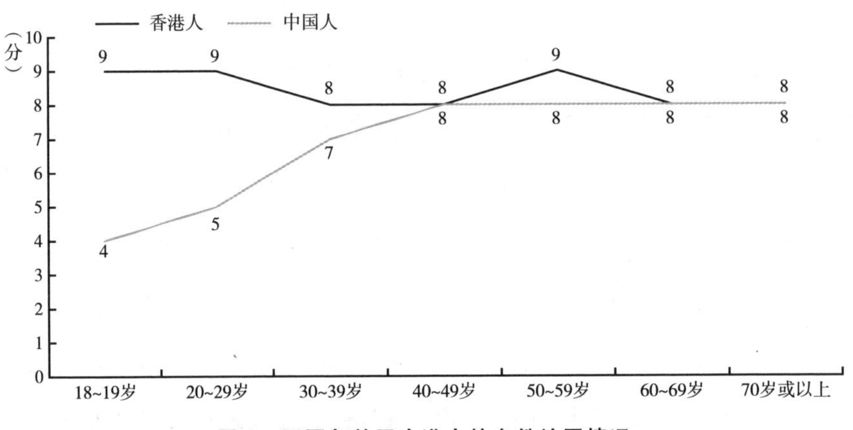

图 4　不同年龄层次港人的身份认同情况

我们可以将香港人对“中国人”身份的认同水平划分为以下四个类别：(1) 0 分意味着完全不认同自己是“中国人”，我们可以将其视为“国家认同缺失组”；（2）1 ~ 3 分为“低国家认同组”；(3) 4 ~ 6 分体现了个体对身份认同的不确定性，可将其列为“身份认同不确定组”；(4) 7 ~ 10 分则为“高国家认同组”。我们分别考察不同年龄组别的香港人在这四种国家认同类型上的分布。

从表1可见，在18～29岁的青年人群体中，“国家认同缺失组”占该年龄组别的10.6%；这一比例远高于其他年龄组别的同类比例。也就是说，香港青年人中有约一成人在“中国人”身份认同上打了0分。同时，有21.2%的香港青年人的国家认同感较低；而这一比例也远高于其他年龄组别的同类比例。相应地，对“中国人”身份表现出较高认同感的青年人仅占青年人群体的27.7%，这一比例毫无疑问是所有年龄组别同类比例中最低的。值得留意的是，有近四成（39.4%）香港青年人对自己的“中国人”身份感到不确定，这一比例同样高于其他年龄组别的同类比例。相比之下，其他年龄组别中的大多数表现出较高水平的国家认同。其中，在30～39岁的港人群体中，有61.4%的港人的“中国人”身份认同在7～10分的高分值区间；而在更长年龄的群体中，该比例均超过了七成。

表1　四种国家认同类型在各年龄层次的分布

单位：%

年龄组别	国家认同缺失组	低国家认同组	身份认同不确定组	高国家认同组
18～29岁	10.6	21.2	39.4	27.7
30～39岁	0.8	9.4	27.6	61.4
40～49岁	2.6	3.6	20.5	72.3
50～59岁	3.4	2.9	15.5	77.2
60～69岁	2.3	2.3	21.3	73.6
≥70岁	3.8	0.8	8.4	72.5
总体	4.1	6.6	21.2	65.0

注：有少量受访者回答了“不知道或很难说”，相关比例未在此表中显示。

（二）香港青年人对国家认同的具体理解

除了请受访者对“中国人”身份和“香港人”身份进行直

观的自我评分，这项调查还进一步考察了香港市民对这两种身份的具体理解。一般而言，国家认同与政治认同、民族认同和文化认同有关联。而这项调查则主要考察了港人国家认同的政治维度和文化维度。测量这两个维度的问题分别是“您认为‘尊重中央的权威’这个条件对定义‘中国人’身份有多重要”和“您认为‘认同中华传统文化’这个条件对定义‘中国人’身份有多重要”。调查分别设计了“非常重要”“重要”“不重要”“完全不重要”“不知道/很难说”五个选项供被访者选择。

图 5 呈现了香港青年人和较年长群体对“中国人”身份的政治—文化维度的理解。相比较年长群体，香港青年人较少将政治或文化作为定义“中国人”身份的重要因素；同时，相比“中国人”身份的政治维度，两个群体都对“中国人”身份的文化维度表现出更大的认同。在政治维度上，只有 33.5% 的青年人

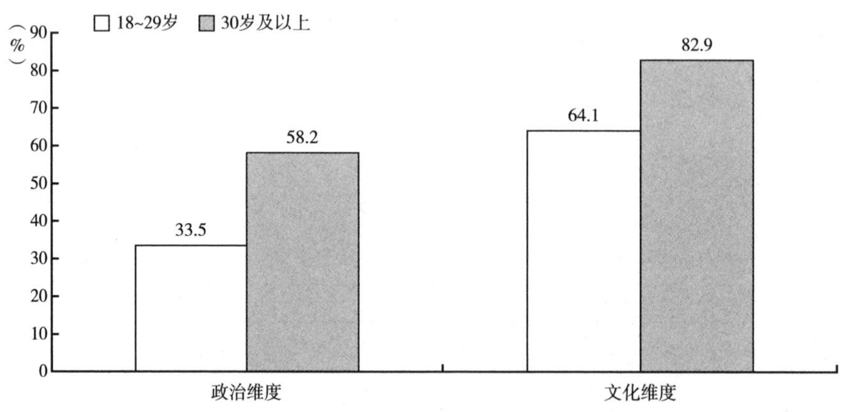

图 5 香港人对“中国人”身份的政治维度和文化维度的理解

注：百分比为回答“非常重要”和“重要”的受访者占相应年龄组别总受访人数的比例。有少量受访者回答了“不知道或很难说”，相关比例未在图表中显示。

认为作为一个中国人，“尊重中央权威”是一个重要因素；而较年长群体中，有58.2%的人认为这一因素重要。在文化维度上，有64.1%的青年人将“尊重中国传统文化”作为定义“中国人”的重要因素，而较年长群体在这一维度上的认同比例达到了82.9%。这些数据表明，港人对“中国人”身份的理解表现出文化认同高于政治认同的特点，且这一特征在青年人群体中的表现最为明显。

（三）澳门青年人对国家认同的具体理解

对澳门青年人的国家认同展开细致讨论的研究相对较少。目前较为系统地对澳门青少年国家认同进行剖析的是由澳门青年研究协会和澳门中华学生联合总会对澳门大学生和澳门中学生所做的国家认同调查。这两个机构从2007年开始至2017年对澳门大学生和澳门中学生做了多轮国家认同调查，但是目前能够获取的研究资料只有2008年对澳门大学生的调查和2007年、2009年对澳门中学生的调查。这三项调查分别考察了澳门大学生和中学生对“中国人”身份的认同、民族身份认同和公民身份认同的情况。从表2可见，澳门中学生和大学生对国家认同的理解有如下特征。其一，无论把国家认同分解为地区身份、民族身份还是公民身份，澳门青少年的国家认同水平都远高于同时期香港青年人的国家认同水平。三项调查中均有超过九成的受访者“十分认同”自己的“中国人”身份。其二，三项调查都显示澳门青少年对“中国人”这一身份的认同要高于他们对“中华民族”和“中国公民”的认同度，尽管他们对后两者的认同度同样也很高。

表 2　澳门中学生和澳门大学生对国家认同的理解

单位：%

项目	身份类别	十分同意	同意	中立	不同意	十分不同意
2007 年澳门中学生调查	地区身份	65.84	27.43	5.76	0.69	0.27
	民族身份	45.94	35.90	14.99	2.20	0.96
	公民身份	53.64	29.97	14.71	1.26	0.42
2009 年澳门中学生调查	地区身份	66.20	24.40	7.40	0.80	0.70
	民族身份	51.00	31.60	13.10	1.10	0.70
	公民身份	53.00	28.50	14.70	2.00	0.60
2008 年澳门大学生调查	地区身份	60.00	33.30	6.10	0.40	0.10
	民族身份	45.60	42.10	11.00	0.70	0.30
	公民身份	45.90	35.60	15.50	1.50	0.70

注：测量地区身份的问题是"'我是中国人'，您是否同意这一说法"。测量民族身份的问题是"'我是中华民族的一分子'，您是否同意这一说法"。测量公民身份的问题是"'我是中华人民共和国公民'，您是否同意这一说法"。2008 年起对澳门大学生、中学生的调查多了一个"不知道/不适用"的选项，但相关百分比未呈现在表中。

三　香港青年国家认同的影响因素

由于目前缺乏有关澳门市民国家认同的系统数据，因此这部分的分析主要聚焦在香港青年人国家认同的影响因素上。通过上一部分的分析可见，香港青年人群体的国家认同水平及其对国家认同的理解与较年长群体有较明显的差别。而这种差别在很大程度上与青年人群体本身的某些独特特征有关。其中，影响较为显著的几项特征包括青年人的媒体使用习惯、与内地的联系以及政治价值观这三个方面。

（一）香港青年人较少来内地，且倾向于对内地人在港购物和就业持负面态度

香港青年人的国家认同还与其是否与内地有联系有关系。假如

青年人很少甚至从未来过内地，而只通过香港当地媒体了解有关内地和国家的信息，那么他对国家的了解必然是不充分甚至是片面的。加之香港过于自由的媒体环境，本地媒体对内地和国家的报道远不及本地新闻，并且，不少媒体倾向于在一些负面消息上做文章。处在这样一种信息环境下，假如人们本身与内地的联系有限，那么他们的国家观念淡薄甚至缺失也就可以理解了。因此，是否与内地存在联系对港人国家认同的形成有至关重要的作用。

在这项调查中，有两个问题被用来测量港人与内地的联系。其中一个问题询问受访者来往内地的频率，另一个问题询问他们与内地市民接触或交往的频率。

为了解港人来往内地的情况，受访者被问及是否去过内地；如果去过，大概多久去一次。图 6 展示了香港青年人群体和较年长群体来往内地的频率。不难发现，香港青年人群体来往内地的频率远低于较年长群体。在 18～29 岁的香港青年人群体中，只有 22.4% 的人在一年当中有多次去过内地；而 30 岁以上（包括 30 岁）的群体中，有近五成人一年多次往返内地。有约 34.1% 的香港青年人每年仅去一次内地，而更多青年人（占 38.2%）多年才去一次内地。而青年人中“从未去过内地”和“至今仅去过一次内地”的比例也远高于较年长群体的同类比例。

然而，就与内地市民接触的情况来看，香港青年人与较年长群体的差别并不大，甚至比较年长群体更多地接触内地人。如图 7 所示，在青年人群体中，有 21.2% 的人每天都和内地人有接触；较年长群体中，每天都和内地人有接触的人占该群体的 23.3%。这两个比例相仿。在青年人群体中，有 21.2% 的人和 12.4% 的人“每周至少一次”或“每月至少一次”与内地人有

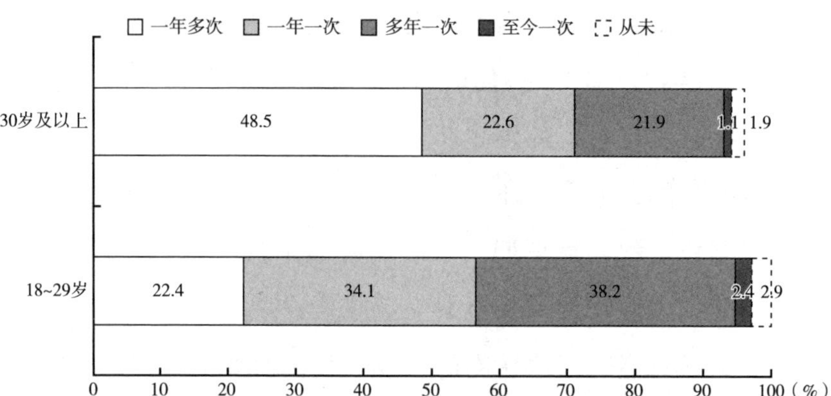

图 6 香港青年人和较年长群体来往内地的情况

注：部分受访者未就这个问题作答，未作答者的比例没有显示在图中。

接触。这两个比例均高于较年长群体的相应比例。而青年人群体中，从未接触过内地人和一年仅接触几次的人所占比例分别为 14.7% 和 24.7%。相比之下，在较年长群体中，有近三成人（29.2%）一年仅接触内地人几次，另有约 12% 的人从未接触过内地人。

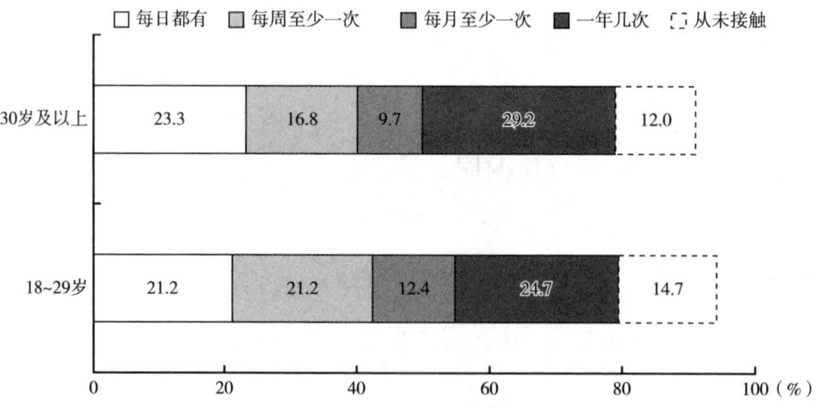

图 7 香港青年人和较年长群体与内地市民接触或交往的情况

注：部分受访者未就这个问题作答，未作答者的比例没有显示在图中。

值得注意的是，“与内地人接触”可能是主动的交往，也可能是被动的接触。后者多因越来越多内地人前往香港购物或就业，造就了这样一种客观环境——更多内地人出现在香港人的日常生活中。这种被动接触并非香港市民的主动选择，而是客观环境使然。而正是这种“被动性”给这类接触是否能正向地增进香港市民对内地人的情感并进而改善他们对国家的认知和认同带来了很多不确定性。

这种不确定性并非毫无依据。这项调查另有两个问题分别询问受访者对内地人来港购物和就业的态度。具体询问方式如下：“现在越来越多内地人来香港购物，您觉得这对香港未来的发展是好还是坏”以及“现在越来越多内地人来香港就业，您觉得这对香港未来的发展是好还是坏”。调查结果分别呈现在图 8 和图 9 中。

从图 8 可见，对内地人来港购物的态度，香港青年人群体与较年长群体之间存在比较明显的差异。这主要表现为认为越来越多内地人来港购物不利于香港未来发展的青年人的比例远高于较年长群体的相应比例。分别有 33.5% 和 14.1% 的青年人认为更多内地人来港购物将对香港未来发展带来“不好”的或“非常坏”的影响。而较年长群体中，仅 7.1% 和 5.5% 的人有类似的看法。相应地，对内地人来港购物持有正面态度的香港青年人的比例也远小于较年长群体中持正面态度的人的比例。

相比之下，香港青年人对内地人来港就业的态度比他们对内地人来港购物的态度更为保守。从图 9 可见，约六成青年人对内地人来港就业持负面态度。其中，有 34.7% 的青年人认为更多内地人来港就业将对香港的发展带来“不好”的影响，而

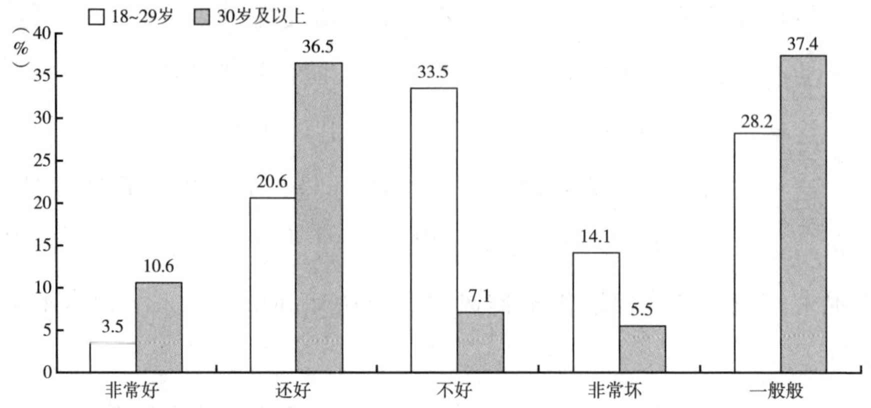

图 8　香港青年人群体和较年长群体对内地人来港购物的态度比较

注：部分受访者未就这个问题作答，未作答者的比例没有显示在图中。

25.3%的青年人认为这将对香港带来“非常坏”的影响。与对内地人来港购物的态度稍有不同，在较年长群体中，有更多人认为内地人来港就业对香港会产生负面影响，这个比例达到了近三成（29.6%）。

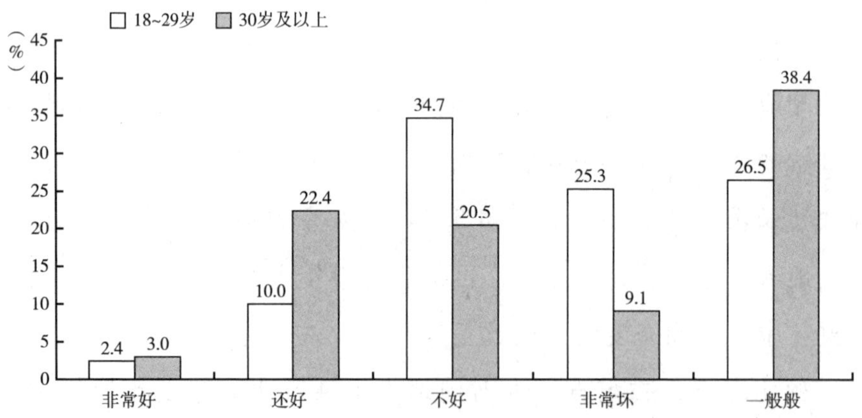

图 9　香港青年人群体和较年长群体对内地人来港就业的态度比较

注：部分受访者未就这个问题作答，未作答者的比例没有显示在图中。

（二）香港青年人主要通过社交媒体及其他网络媒体获取信息，较少使用报纸、电视等传统主流媒体

对个人政治价值观的很多研究早已发现，人们在日常生活中通过各种媒介所获取的信息的类型对其政治价值观有很强的塑造作用。当人们形成了某种比较稳定的政治价值观之后，他们会有选择地使用特定的媒介来获取更贴合其价值观的信息，并形成一定的媒介使用习惯；媒介使用习惯一旦形成，便很可能会强化和巩固人们原有的政治价值观。

在最近十年，香港青年人逐渐成为社会运动的主体。不少针对香港青年社会运动的研究纷纷提到，青年人习惯利用网络媒体和社交媒体（如 Facebook）来获取和传播信息，这和上一代香港人主要将传统主流媒体（如报纸、电台）作为信息获取渠道有明显区别。香港青年人在媒介使用习惯这一方面的独特性在中山大学粤港澳发展研究院的这项调查中得到了体现。在这项调查中，有一个问题询问受访者“平日里主要通过什么媒介渠道获取信息”，并提供了报纸、杂志、电台、电视、互联网新闻媒体（如端传媒、立场新闻等）、网上论坛（如香港高登论坛）、社交媒体（如 Facebook、WhatsApp 等）等选项。受访者可以勾选一个或多个选项来回答。在这些选项中，报纸、杂志、电台和电视为传统主流媒介，而互联网新闻媒体、网上论坛和社交媒体为新媒介类型。

图 10 呈现了对这一问题的调查结果，不难发现，香港青年人和较年长群体在媒介使用习惯上有显而易见的不同。这主要表现在，在传统主流媒体的使用上，较年长群体的比例高于青年人群体。比如，在 30 岁以上（包括 30 岁）的香港人当中，有超六成

（62%）平时主要通过电视获取信息，而18～29岁的青年人中，这个比例刚过三成（32.4%）。报纸也是较年长群体获取信息的重要渠道。从图10可见，在较年长群体中，有56.3%的人通过报纸获取信息，而在青年人群体中，主要通过报纸了解新闻信息的仅占28.8%。此外，从电台这一媒介来看，在较年长群体中，有21.5%的人通过电台了解新闻信息，相比之下，只有7.1%的青年人习惯通过电台获取信息。

两个群体对于新媒体的使用情况与传统媒体恰好相反——青年人对新媒体的使用频率远远高于较年长群体。如图10所示，青年人最常使用的信息媒介是Facebook、WhatsApp等社交媒体，其次是互联网新闻媒体。最近几年，香港出现了不少互联网新闻媒体，比较活跃的如端传媒、立场新闻等。互联网新闻媒体受到青年人青睐的一个很重要的原因是这些新闻可以很便利地通过社交媒体转发和传播。对习惯通过互联网获取信息的青年一代来说，新媒体获取

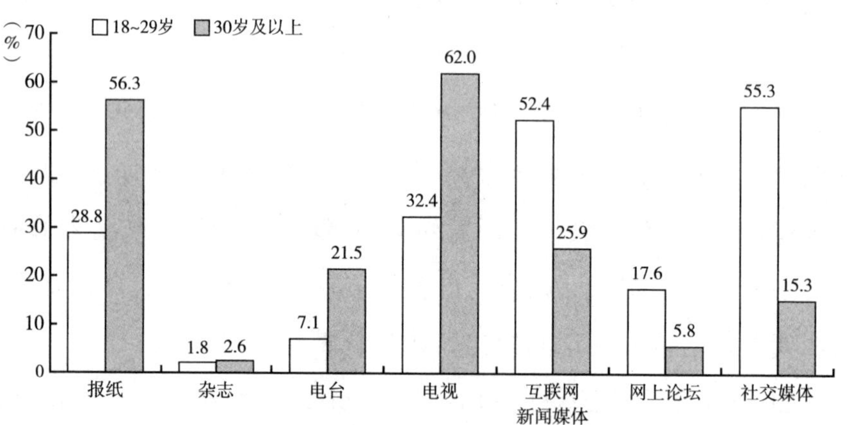

图10 香港青年人和较年长群体的媒体使用习惯比较

注：有少量受访者回答了“不知道或很难说”，此类受访者比例未显示在图中。本题为复选题，受访者可选择一个或多个选项。

和传播信息的便利程度远高于传统媒体。此外，也有约17.6%的青年人活跃于本地互联网论坛，他们通过这些论坛获取信息，同时就热点话题进行讨论。相比之下，较年长群体使用社交媒体、互联网新闻媒体和网上论坛的比例远低于青年群体；这一差距在社交媒体的使用上表现得最为突出。

（三）香港青年人将“民生”和“法治”而非“普选”列为香港未来最应实现的发展目标

当青年人被问及“香港未来最重要的发展目标”时，只有17.1%的青年人将实现“双普选”列为香港未来最应该达成的目标；当然，这一比例还是远高于较年长群体的同类比例。从图11可见，在香港青年人看来，“改善民生”和“保障法治”是香港未来最应该努力实现的发展目标，分别有32.9%和31.2%的青年人将这两项列为香港未来最应实现的首要发展目标。其次才是“实现‘双普选’”和“发展经济”。

在较年长群体中，人们对香港未来首要发展目标的理解较为分散，分别有24.8%、24.8%和20.5%的人将“发展经济”、“保障法治”和“改善民生”作为香港最需实现的目标。较年长群体和青年人群体对“维护社会稳定”和“实现‘双普选’”这两项目标的理解有较大差异——在较年长群体中，有17.4%认为“维护社会稳定”是香港未来治理的重点，而在青年人群体中，只有5.9%的人有相同的看法；对“实现‘双普选’”的看法，两个群体的情况则恰好相反，17.1%的青年人认为“实现‘双普选’”是重要目标，但较年长群体中，只有6.4%的人这么认为。

最后，值得留意的是，无论是青年人群体还是较年长群体都极少将“更多参与国家的发展计划”看作香港未来的发展重点，只有 0.6% 的青年人和 1.6% 的较年长者将这一目标列为香港未来发展的首要目标。这从另一侧面体现了绝大多数香港人的本地发展观是与国家的整体发展相割裂的发展观。这种发展观与国家的粤港澳大湾区建设战略和“一带一路”倡议等重要国家发展计划显得不相协调。香港特区政府或需采取更多措施加强香港人，尤其是香港青年人对香港在整个国家发展计划中的作用，让更多年轻人认识到自己在这个发展大计中可能面临的机遇。

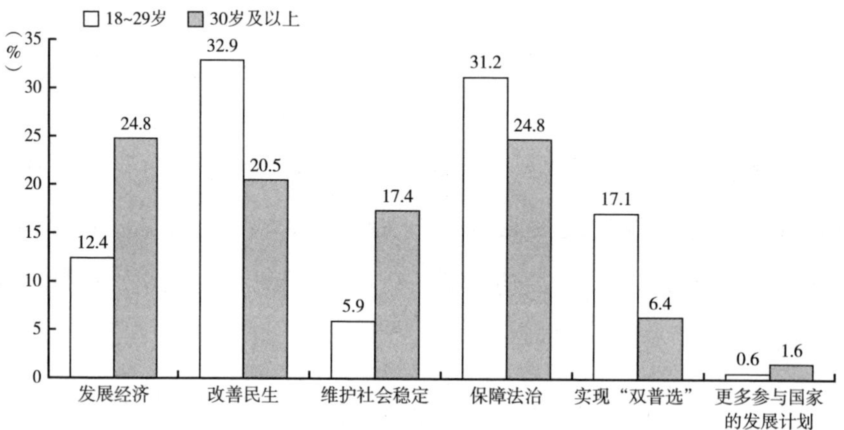

图 11　香港青年人群体与较年长群体对“香港未来最重要的发展目标”的理解

注：少量受访者回答了“不知道或很难说”，此类受访者比例未显示在图中。

四　结语

从上文的分析可见，澳门青少年的国家认同自回归以来始终处于非常高的水平。相比之下，香港青年人的国家认同则经历了几个阶段的变化，表现出先上升、后下降又回升的变化趋势。与较年长群体相比，香港青年人的国家认同水平略低，这与该群体本身的一些特征有关。比如：他们往来内地的频率远低于较年长群体，这可能导致他们对国家缺乏了解；他们对内地人来港购物和工作的态度较为负面，这可能导致他们将日常生活中对内地人的消极印象投射到对国家的负面认知上；他们习惯使用社交媒体等互联网媒体获取信息，其所获取的关于国家的信息可能有限或者失真。此外，就香港未来发展而言，香港青年人将“民生”和“法治”看作未来五年最重要的发展目标，而非很多“反对派”政治力量所鼓吹的民主政治体制改革。香港青年人的国家认同背后隐藏的是复杂的经济和民生等本地治理问题，并非根深蒂固的价值性和政治性矛盾。换言之，一旦香港特区政府的治理能力得到改善，经济民生问题得到纾解，香港青年人拥有更多发展机会，与内地有更多互动，那么，他们对国家的认同将随之有明显改善。从这个角度来看，粤港澳大湾区建设这一国家战略的实施，不仅为香港整体的发展提供了历史性的契机，同时也将对增进香港青年人的国家认同、实现人心回归起到重要作用。

参考文献

[1] 澳门青年研究协会、澳门中华学生联合总会：《澳门大学生国民身份认同调查研究报告》，2008。

[2] 澳门青年研究协会、澳门中华学生联合总会：《澳门中学生国民身份认同调查研究报告》，2009。

[3] 圣公会澳门社会服务处：《“澳门青年研究回顾及发展2013”报告》，2014。

[4] 香港大学民意调查中心：《市民的身份认同感调查》，https：//www. hkupop. hku. hk/chinese/popexpress/ethnic/index. html。

The National Identity of Young People in Hong Kong and Macau: Trend, Situation and Reason

Xia Ying

Abstract: Since the handover, the national identity of young people in Hong Kong has steadily increased in the first decade, followed by a continuous drop in the next several years. It has shown, however, a gradual upward trend in the recent years. Compared with the elder group, the national identity of young Hongkongers is relatively weaker. This is closely related to some key features of the group itself. Firstly, the frequency of young Hongkongers moving to the Mainland is much lower than that of the elder group, which may lead to their lack of understanding of the country. Secondly, young Hongkongers have a more negative attitude towards the mainlanders shopping and working in Hong Kong, which may dampen their affective feelings on the county. Thirdly, young Hongkonger more likely to rely on social media and other Internet media to obtain information, and the information they obtain about the country may be limited or distorted. In contrast, the national identity of young people in Macau is much stronger than that of their Hong Kong counterpart.

Keywords: Hong Kong; Macau; Young People; National Identity

智库专题

智库专题导语

庞　琴*

香港与内地城市最大的不同就是香港高度国际化。作为曾接受英国殖民统治的地区和亚洲地区的国际金融中心，香港对于英国而言，仍然具有重要的政治和经济意义；对于国际体系中的霸主国家美国而言，香港除了经济意义，还有重要的地缘战略意义，也是美国牵制中国的政治筹码。香港回归以来，英美的影响一直在香港"一国两制"的发展实践中若隐若现，成为影响香港政治健康平稳发展的最大外部因素。当前我国面临严峻的外部战略威胁，如何正确理解英美两国对香港问题的影响是一个重要课题，而如何正确把握英美对于香港问题的认知和判断则是这一课题的重点。本专题由两篇文章组成，主要采用传播学框架理论和定量分析方法分别探讨英国和美国的主流智库对香港问题的认知模式和特点。希望我们的研究发现有利于各位研究同行从国际层面理解"香港问题"，也能帮助政府把握英国和美国对港政策趋势，并降低外部因素的负面影响。

回归以来英国智库对香港问题的分析与解读*

庞琴　赵滢竹**

摘　要： 英国智库对香港问题的分析具有较强的专业性，在国际上具有较强的话语权；与此同时，智库在英国对外决策体系中占据重要地位。当前我国面临严峻的外部战略威胁，香港的反对派势力正通过借助英美等外部力量实现自身的政治目的，香港问题的外部性矛盾正在上升。然而现有研究英国与香港关系的文献侧重于分析英国政府对香港政治事务的干涉行为及其影响，未能从政治、经济、社会等方面全面分析英国对香港问题的认知模式和特点，从而较难把握英国对于回归后香港问题的本质看法。因此，通过分析和把握英国智库对香港问题的立场与趋势，全面理解英国对香港问题的

* 本文写作过程中得到以下项目资助：教育部人文社会科学研究青年基金项目“‘他者’在建立国家认同感中的作用：香港与内地青年对亚太国家的认知比较分析（14YJCGAT001）”；教育部人文社会科学重点研究基地项目“港澳本土意识与青少年国家认同（16JJDGAT004）”；教育部人文社会科学重点研究基地项目“美国、英国和欧盟等国家对香港问题的介入（15JJD81006）”。

** 庞琴，中山大学国际关系学院副教授，粤港澳研究院研究员，主要研究方向为香港政治、香港居民国家认同与中国的对外关系；赵滢竹，中山大学国际关系学院2015级本科生。

认知模式具有学术和现实意义。本研究通过引入传播学的框架理论和定量分析方法，梳理出主流英国智库目前对香港问题的关注焦点、分析思路、干涉立场与未来的趋势走向，并在文末提出了相应的建议。

关键词： 英国智库　香港问题　框架理论　定量研究

一　研究背景与意义

1997 年香港回归以来，英国一直以各种方式紧密干预香港事务，是香港“人权问题”“普选问题”“占中事件”等焦点问题或事件的重要推手。早在香港回归初期，英国就通过发表相关报告的手段试图影响香港问题。自 1997 年起，英国外交部开始向议会提交《香港问题半年报告》，借此对所谓的香港“人权”“民主”问题发表意见，此种做法一直延续至今。英国甚至将香港问题“欧盟化”，在其鼓动下，欧盟于 1999 年出台了第一份香港报告。[①]

2018 年以来，美国、英国和澳大利亚等不断加强对中国的战略遏制。香港的本土派和民主派趁机加强与英国的政府、媒体、智库和公众的联系，试图借助外部力量实现自身政治目的。[②] 英国政府、媒体及有关机构也趁机为这些政治力量提供支持，并加大对中

① 陈寒溪、刘诗琦：《英国对香港事务的干预及其对中英关系的影响》，《战略决策研究》2018 年第 1 期，第 30 页。

② 参见 http：//news. wenweipo. com/2018/09/29/IN1809290005. htm；http：//news. wenweipo. com/2018/10/04/IN1810040001. htm；登录时间：2018 年 10 月 22 日。

国中央政府的批评。[①] 在香港社会内部政治运动转入低潮的情况下，香港的民主派和本土派已经加强与外部敌对势力的勾结，香港问题的外部性矛盾正在上升。因此，西方势力对香港事务的干涉在未来一段时间将成为影响香港政治与经济的一个重要因素，成为学术界与政策制定部门关心的热点。与香港有着密切的历史和现实联系的英国是影响香港未来政治与经济走向的关键西方国家。

然而一直以来，研究英国与香港关系的文献侧重于分析英国政府对香港政治事务的干涉行为及其影响，比如，从政治、经济等角度梳理英国政府的对港政策[②]，分析英国政府干预香港政治事务的目标和手段，及其对中英关系的消极影响[③]。个案研究方面，不少学者集中关注“占中事件”背后的英国政府因素，如列数“占中事件”发生后，英国各政府官员是如何借机“煽风点火”，企图干涉香港事务的。[④] 此外，还有学者分析了英国政府对港政策的新动向，指出在国际形势日趋复杂、大国关系深刻调整的背景下，英国政府因应时势，一定程度上调整了对港政策，具体表现为香港议题在中英高层会谈中出现次数增多、英国国内关注香港议题的行为主体增加、干涉香港事务的形式多元化以及采取“政经并重”的干预策略四方面。[⑤] 除了英国政府，英国媒体对香港事务的干预也引起了关注，如分析英国主流媒体对“占中事件”的报道，认为英

---

① 参见 http://news.wenweipo.com/2018/08/07/IN1808070007.htm；http://china.huanqiu.com/gangao/2018-11/13504019.html；登录时间：2019年1月26日。

② 谢宜蓉：《1997~2010英国对中国及香港政策研究》，外交学院硕士学位论文，2011；刘砦：《英国对华政策中的香港因素》，外交学院硕士学位论文，2011。

③ 陈寒溪、刘诗琦：《英国对香港事务的干预及其对中英关系的影响》，《战略决策研究》2018年第1期，第25~39页。

④ 胡秀锦：《英美势力影响下的香港认同危机研究》，浙江大学硕士学位论文，2017。

⑤ 李环：《近年来英国对香港政策评析》，《国际研究参考》2018年第11期，第37~43页。

媒企图以“舆论声援”的方式，提高英国在港的政治影响力。[①]

尽管现有研究已经勾勒出英国政府干涉香港事务的基本方式，但是相关文献要么是针对个别案例展开分散性的研究，要么囿于干涉的行为层面，未能从政治、经济、社会等方面全面分析英国对香港问题的认知模式和特点，从而深入理解和把握英国对于回归后香港问题的本质看法。

此外，现有大多数研究是以定性分析法为基础，结合部分关键案例进行分析，缺乏严格的定量实证研究。由于缺乏精确的分析，其政策指导意义相对有限。基于此，本文将采用定性与定量相结合的方法，尝试全面分析英国对香港问题的理解及其立场。本研究将重点探讨英国智库对香港问题的分析。在西方国家的智库中，英国智库历史悠久且发展得相当成熟和完善，与政界保持着密切的联系。他们对香港问题的研究具有相当的影响力和话语权，在国际上建构了香港问题的话语框架，深刻影响西方国家特别是英国政府和民众对香港问题的看法。英国政府在2017年上半年和下半年发布的《香港问题半年报告》中，引用了两个英国智库的研究成果。[②]本研究通过对英国主要智库涉及香港问题的研究报告进行定量的内容分析，力图全面把握英国关注香港政治、经济及社会等问题的重点、规律和归因模式，从而填补上述理论空白，并为我们理解和预测英国政府的对港政策以及英国社会的对港认知提供重要思路。同

① 鲁玲悦、唐丽雯、高贞慧：《英国主流媒体对香港“占中”运动的报道分析——以BBC为例》，《新闻研究导刊》2015年第6期，第28、44页。

② 参见GOV UK，Six-monthly Report on Hong Kong：January to June 2017，https：//www. gov. uk/government/publications/six – monthly – report – on – hong – kong – january – to – june – 2017；Six-monthly Report on Hong Kong：July to December 2017，https：//www. gov. uk/government/publications/six – monthly – report – on – hong – kong – january – to – june – 2017；登录时间：2018年10月28日。

时，本研究也有助于我们了解英国智库以及部分扮演关键意见领袖角色的智库专家在香港问题上的立场，有针对性地开展交流、进行互动，减少智库因误解而对香港问题进行偏颇解读的可能性；警惕部分有反华言论的英国智库，遏制其与香港内部敌对势力的联系与互动。

二　框架理论与英国智库对香港问题的话语建构

现有研究指出，英国智库主要通过图 1 所示的“短期间接、短期直接、长期间接和长期直接”等方式传播观点并深刻地影响英国政府的政策走向。发表研究报告和论文是智库影响社会舆论和政府决策最常用的方式。传播学的框架理论认为，舆论是可塑的，语言框架可建构社会图景、设置政策议程。[①] 而智库在其研究报告和论文中构建出国际事件的话语框架，影响社会和政府“想什么”，以及“怎样想”。可见，英国智库对香港问题的分析解读与传播学中的框架建构相契合。正因为如此，目前，越来越多的学者尝试借助传播学中的框架理论对智库话语进行分析解读。[②] 有鉴于此，本文将借助框架理论，进行相应的研究问题设置，以探究英国智库是如何构建香港问题的叙事框架，进而影响社会舆论及政府决策的。

---

① 马得勇：《政治传播中的框架效应——国外研究现状及其对中国的启示》，《政治学研究》2016 年第 4 期，60 ~ 62 页。

② 较有代表性的研究有：Yahya Benkhedda，“Islam and Muslims in U. S. Think Tank Electronic Media：Framing，Narrative，and Ethics”，*Global Media Journal Canadian Edition*，Vol. 9，Issue 2，2016，pp. 41 – 63；Frost，Jetta & Vogel，Rick，“Framing Strategies of Think Tanks：A Case Study，Paper presented at CREMA Center for Research in Economics”，*Management and the Arts*，Zürich，November 24，2007。

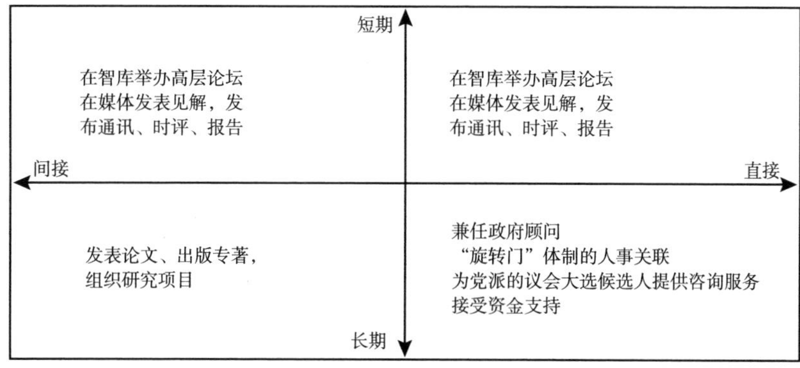

图 1　英国智库影响政府决策的主要方式

资料来源：忻华、杨海峰：《英国智库对英国对华决策的影响机制：以皇家国际事务学会为例》，《外交评论》2014 年第 4 期，第 127 页。

框架理论源于人类学家贝特森（Bateson）提出的“心理框架”思想，后被美国学者高夫曼（Goffman）引入文化社会学，并成为大众传播研究的重要研究理论。高夫曼认为框架是人们用来认识和解释社会生活经验的一种认知结构。[①] 在此基础上，美国学者威廉·甘姆森（Villiam A. Gamson）在 1989 年进一步对“框架”一词作出界定，认为“框架”是一个话语单元的核心组织概念，确定了议题的性质，并推导出符合其叙事逻辑的处理对策。也就是说，框架至少包括两个层次：一是“界限”，即限定、框定人们的认知对象；二是“架构”，指对认知对象进行解释、转述或评议，从而建构对事件的认知结构。[②]美国传播学者恩特曼（Entman）则进一步论述了框架的构建方式，认为“选择”和“突出”是建构框架的最主要手段。通过选择部分内容构成文本，并突出某些方

① E. Goffman, *Frame Analysis: An Essay On The Organization of Experience*, New York: Harper & Row, 1974.

② Gamson W. A., “Media Images and the social construction of reality”, *Annual Review of Sociology*, pp. 123 – 124.

面，借此对事件进行特殊界定和因果解释，并提出解决方法。[①]

可见，一个叙事框架主要包括议题、解释及对策三个要素，叙事者通过选择、凸显上述要素以构建框架。因此，把握英国智库关注哪些与香港相关的议题、如何解释这些议题以及提出了何种对策尤为关键。据此，本文提出如下三个研究问题：①英国智库对香港问题的关注重点是什么？②他们是如何解释相关问题的，体现了何种立场或倾向？③他们对英国政府的政策建议是怎样的？未来的趋势如何？

另外，为了进一步确定智库报告对于英国政府行为的影响，本研究还提出第四个研究问题：英国智库影响英国政府干预香港事务的效果如何？本研究将对智库的报告与政府干涉香港事务的行为以年度为基础进行相关性分析，最后，本研究在研究基础上提出相应的建议。

三　研究方法

本研究的前三个研究问题主要采取定量的内容分析法，而第四个研究问题则采用定量的统计实证分析法。由于主要数据来源和方法存在差异，这里分两部分进行介绍。

（一）英国智库研究报告样本来源及编码设计

1. 英国智库研究报告来源

笔者根据《2017 全球智库报告》[②]，结合中外媒体的报道，整

---

① Entman, Robert. M., "Framing: Towards Clarification of a Fractured Paradigm", *Journal of Communication*, Vol. 43 No. 4. 1993, pp. 52.

② 参见 James G. McGann, *2017 Global Go to Think Tank Index Report*, https://repository.upenn.edu/cgi/viewcontent.cgi?article=1012&context=think_tanks。

理出英国有一定影响力的智库，并进入各智库官网，以“Hong Kong”为关键词进行检索，发现有15个智库发布过涉港研究。另外，香港观察为专门研究香港的智库，从其网站中可直接获得其有关香港的研究。本文以一篇涉港研究为一个分析单位。通过通读各检索结果，排除重复项和无关项①，得到153篇发表于1997年7月至2018年12月的英国智库涉港研究，所有研究文章均使用英语撰写。

表1 涉港报告的数量及分布情况

单位：篇

智库名称	智库公开出版的香港问题研究报告的数量
查塔姆学会(Chatham House，又名皇家国际事务研究所，The Royal Institute of International Affairs)	33
大赦国际(Amnesty International)	33
香港观察(Hong Kong Watch)	31
经济事务研究所(Institute of Economic Affairs)	19
亚当·斯密研究所(Adam Smith Institute)	8
亨利·杰克逊学会(Henry Jackson Society)	6
战略研究与分析中心(Cesran International)	5
皇家联合军种研究所(Royal United Services Institute)	4
欧洲经济政策研究中心(Center for Economic Policy Research)	3
经济学人智库(The Economist Intelligence Unit)	3
政策研究中心(Centre for Policy Studies)	2
欧洲对外关系委员会(European Council on Foreign Relations)	2
费边社(Fabian Society)	1
国际战略研究所(The International Institute for Strategic Studies)	1

① 重复项指内容完全一致或高度相似的文章，无关项指检索结果中出现的与香港完全无关的内容，例如因文章使用了标题为“Hong Kong”的图片而出现在检索结果中的内容。

续表

智库名称	智库公开出版的香港问题研究报告的数量
国际法及比较法研究中心（British Institute of International and Comparative Law）	1
租税正义联盟(Tax Justice Network)	1
总计	153

2. 编码设计及可靠性检验

本研究将运用内容分析法[①]对上述153篇文章进行分析。根据内容分析法，首先需对框架中的“主题”“归因”“政策建议”制定规则编码表，以便对样本进行编码和分析。因此，本研究将香港事务报告分类为政治主题、经济主题和社会主题，并根据报告的具体内容，将三类主题再进行细分。据此，我们制定了相应的编码规则表（见附表1）。类似地，本研究将智库报告中认为造成香港各种问题的原因划分为“中国内地原因”“香港本地原因”“国际环境原因”三种，并根据报告的具体内容，将三种原因再进行细分，其中“中国内地原因”可以细分为“内地政府”和“内地经济发展”，“香港本地原因”细分为“香港政府”、“香港本土其他政治势力”和“香港本地经济结构”，其中未对问题进行归因的文章则编码为“未对问题进行明确归因”（见附表2）；将智库报告所提供的政策建议划分为“干涉策略”和“不干涉策略”两类，未提供政策建议的研究归类为“未对问题提出建议”（见附表3）。

在根据编码表进行全面的内容分析前，笔者运用上述编码表，

---

① 关于内容分析法，比较经典的是伯纳德·贝雷尔森（Bernard Berelson）给出的定义，即“一种客观、系统、能对明确的传播内容进行定量描述的研究方法”，参见〔英〕安德斯·汉森等著《大众传播研究方法》，崔保国、金兼斌、童菲译，新华出版社，2004，第111页。

对约10%的文章（15篇）进行了编码，以检验编码表的可靠性。如果同一文章包含多个主题（如，该文章既描述了香港的政治问题，也提及了经济问题），则按该文论述篇幅最多、最着重强调的主题进行编码。编码的重合度分别为93.33%、80%和86.67%，说明编码表有较高的可靠性。鉴于此，笔者按照此编码表对余下的138篇文章进行编码。

（二）对英国干涉香港事务行为的界定及样本选择

为了实证检验“英国智库是否影响英国政府干预香港事务的行为”，我们以年度为基础对智库报告的数量（自变量）与政府干涉香港事务的行为（因变量）进行相关性分析。由于自变量的取值相对简单，以下主要界定因变量并对其来源和赋值进行说明。

1. 对英国干涉香港事务行为的界定

通过阅读相关文献[①]，我们认为英国干涉香港事务的行为主要可分为四类。一是英国官员与香港内部的反对派会面，此种会面既有可能是私人会面，也包括共同出席涉港“研讨会”“听证会”的情况。通过会面，英国的政客与反对派交换看法，并往往在某些问题上达成所谓的“共识”，以此给予香港反对派“道义支持”。二是直接给予香港反对派实质支持，往往表现为资金支持，用以帮助反对派开展非法活动。三是针对某一香港问题进行公开表态，或是就某一问题或某一时段香港的发展情况开展相关“调查”、形成所谓报告，以图影响国际舆论，其中最典型的就是英国政府定期发表

① 关于英国干涉香港事务的方式的论述，参见陈寒溪、刘诗琦《英国对香港事务的干预及其对中英关系的影响》，《战略决策研究》2018年第1期，第25～39页；李环：《近年来英国对香港政策评析》，《国际研究参考》2018年第11期，第37～43页。

的《香港问题半年报告》。四是议会讨论，往往体现为议员提出动议要求对某一香港问题进行辩论，或是通过联署的方式向政府施压（详见附录表 4）。英国在干涉香港事务时，时常“多管齐下”，同时使用多种手段。例如，在与反对派见面的同时进行公开表态等。

2. 英国干涉香港事务事件样本来源

根据上述界定，笔者通过搜集相关研究文献，整理国外、内地以及香港本地知名媒体对英国干涉香港事务的相关报道，搜集英国干涉香港事务的事件。其中，涉及的国外媒体主要包括 BBC、VOA news 中文网；内地媒体主要包括新华网、环球网以及凤凰网；香港地区媒体主要包括大公网以及文汇网。在上述网站以“英国”和“香港”同时作为关键词进行搜索，通读排除重复项和无关项，获得样本。相关数据虽然很难囊括所有事件，但仍具有一定的代表性。最后，共获样本 82 条（详见附表 5）。其中一份《香港问题半年报告》计为一个样本，会面以次数为单位计算。另外，由于《香港问题半年报告》的发布以及英国官员会见同一反对派人士存在一年多次的情况，此处作如下界定：每发表一次《香港问题半年报告》计为 1 分；一次会面计为一个独立的事件（例如，同年某英国官员与同一名反对派人士多次见面，每次见面均计 1 分）。

四　英国智库涉港研究分析

通过分析英国智库自 1997 年以来对香港问题的研究，我们发现他们对香港问题的关注度不降反升，涉港文章数量从 1997 ~ 1998 年的仅有 1 篇提高到 2017 ~ 2018 年的 67 篇，特别是自 2013 年以来，每两年期内都保持在 20 篇及以上（见图 2）。

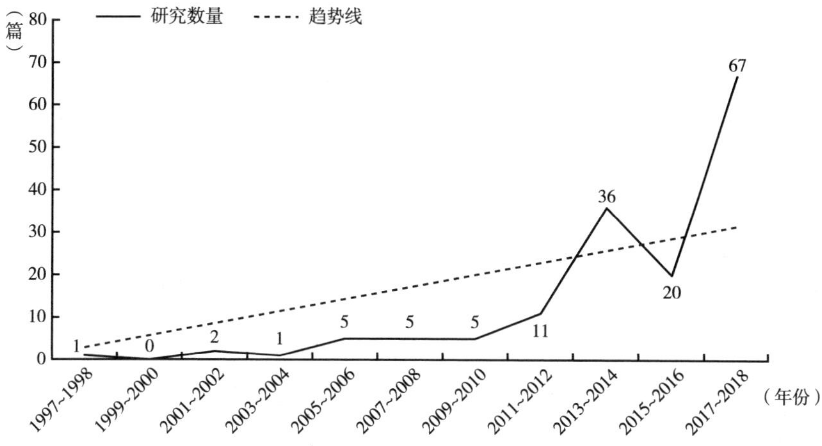

图 2　1997～2018 年英国智库涉港文章数量趋势

其次，根据编码结果（见表 2），我们发现英国智库最关心政治类问题，占所有文章的 62.75%，经济和社会主题次之，分别占 27.45% 和 9.8%；而政治主题中，“香港与内地之间的政治关系”最受重视；在经济和社会主题中，“香港的经济发展情况”和“香港移民劳工的社会处境”最受关注。

表 2　英国智库对香港事务的关注倾向

单位：篇，%

主题	具体议题	研究报告数量	大类议题数量	占比
政治主题	香港与内地之间的政治关系	55	96	62.75
	港英关系	10		
	香港内部政治运作	31		
经济主题	香港的经济发展情况	26	42	27.45
	香港的经济战略地位	11		
	香港的经济史	5		
社会主题	香港移民劳工的社会处境	8	15	9.80
	性别问题	4		
	宗教文化	1		
	性工作者社会处境	1		
	教育问题	1		

从趋势上说，英国智库对香港的政治和经济主题，特别是政治主题给予越来越多的关注（见图 3）。2010 年以来，关注政治问题的研究报告从 2011～2012 年的 3 篇提高到 2017～2018 年的 53 篇，关注经济问题的研究报告数量则维持较为稳定的增长。这一方面与当前英国加强对香港事务的关注有关，另一方面也预示了他们未来对香港政治事务的干涉应该会持续。

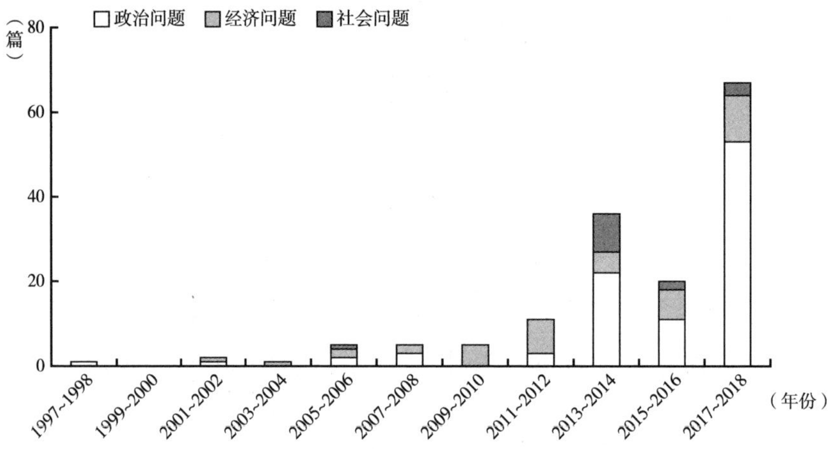

图 3　英国智库对香港各类问题关注度的变化情况

而在对“归因”这一框架要素进行编码后，所得结果（见表 3）有以下几个。

第一，大部分智库报告认为香港主要问题是由“香港本地”和“中国内地”行为体所导致的，两种归因倾向分别占 36.94% 和 35.29%；小部分报告认为是国际环境的影响，约占 7.84%（见表 3）。为进一步理解相关报告在各个具体问题上的归因情况，我们对具体问题的主题与相关归因进行了交叉分类，得到结果见表 3。大部分报告认为造成香港政治问题、经济问题和社会问题的最主要原因分别是内地政府、国际环境和香港特区政府。

表 3　英国智库对香港问题的归因情况

单位：篇，%

归因大类	大类总计	占比	归因细分	政治问题	经济问题	社会问题
归因中国内地	54	35.29	内地政府	44	4	0
			内地经济发展	0	6	0
归因香港本土	58	36.94	香港特区政府	27	7	11
			香港本土其他政治势力	7	2	0
			香港本地经济结构	0	4	0
归因国际环境	12	7.84	国际环境原因	4	8	0
未归因	29	18.95	未归因	14	11	4

第二，通过对报告进行消极和积极分类分析，我们发现在一些消极的问题上，如政治问题和社会问题，相关研究倾向于归因为香港和内地两地政府；而在积极的议题方面，如香港的经济发展，相关研究则更倾向于归因为英国的殖民遗产。这是具有明显的意识形态动机的表现。其中，归因为内地政府的研究报告数量较多的智库有香港观察（15 篇）、查塔姆学会（10 篇）、大赦国际（7 篇）和亨利·杰克逊学会（6 篇）。

第三，从趋势上看，将问题归咎为中国内地和香港本土行为体的研究报告数量总体呈上升趋势，而把相关问题归因为国际环境影响的研究报告数量则相对较为稳定（见图 4）。将问题的原因归咎为中国内地和香港本土行为体的研究报告篇数分别从 2007 ~ 2008 年的 1 篇和 2 篇上升到 2017 ~ 2018 年的 29 篇和 24 篇。这表明智库研究报告的意识形态化比较明显，对内地负面影响的关注和指责仍然是主流。同时，智库对于香港特区政府的态度也渐趋负面，这就为反对派势力介入提供了空间。不过，值得注意的是，也有不少智库认为香港的问题是由“香港的其他政治势力”（如反对派）所导致的，这也显示了英国智库内部立场存在相当大的差异。

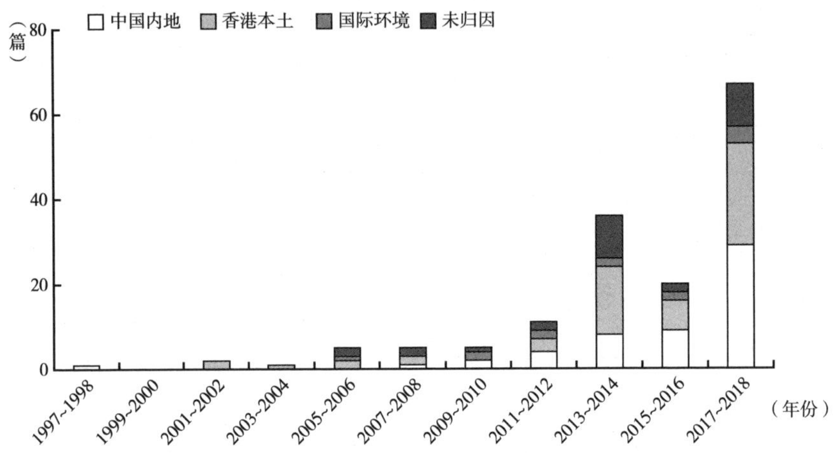

图 4　英国智库对香港问题归因的变化情况

最后，在对英国智库研究报告所提的建议进行编码后，结果显示如下。

第一，支持英国和国际社会对香港问题进行干涉的报告有 42 篇，占 27.45%；认为英国和国际社会不应插手香港问题的报告有 4 篇，占 2.61%；而未明确表明态度、提出策略的报告占绝大多数，有 107 篇，占 69.93%（见表 4）。

表 4　英国智库政策建议情况

单位：篇，%

政策建议	研究报告数	占比
干涉	42	27.45
不干涉	4	2.61
未提策略	107	69.93

第二，从趋势上看，支持英国政府（或国际社会）对香港问题进行干涉的研究报告数量总体呈上升趋势；2013 年以前，提出应该干涉的报告仅一篇，而 2017～2018 年认为应该干涉的报告上升至 31 篇。而认为英国政府不应干涉香港事务的研究报告数虽有增长趋势，但增幅较小，呈相对稳定的态势（见图 5）。

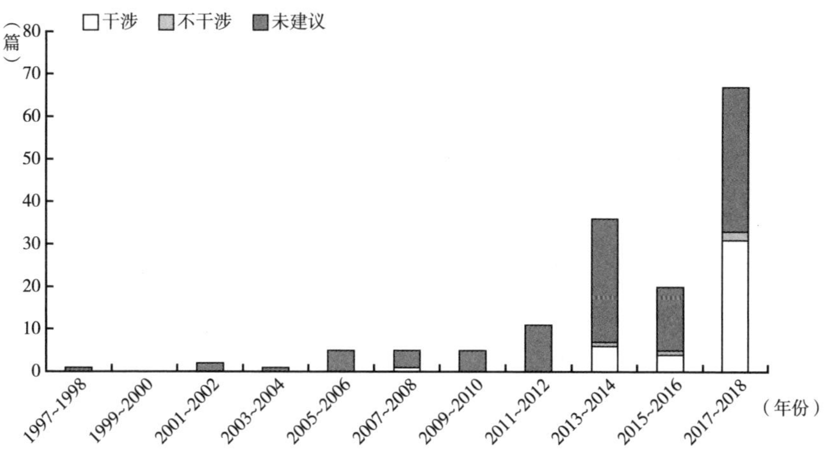

图 5 英国智库所提政策建议的变化情况

具体到各智库，支持英国和国际社会对香港问题进行干涉的 42 篇文章，主要来自香港观察（23 篇）、大赦国际（7 篇）和亨利·杰克逊学会（5 篇），反对英国和国际社会干涉香港问题的文章则均来自查塔姆学会，由此亦可看出尽管英国智库总体对华不友好，但是其内部存在较大意见分歧，他们在英国和国际社会是否应干涉香港问题上持有不同的观点。

对于为什么英国应干涉或者不干涉香港问题，我们通过定性的内容分析，发现智库给出的干涉理由主要有如下四点。

第一是所谓的“法律义务”，即认为英国对香港负有“法律上的义务”，认为英国仍应高度关注香港事务。[①] 而相关研究指出，这种“法律上的义务”的来源有二：一是《中英关于香港问题的联合声明》，二是一般意义上的国际法。在认为英国需干涉香港事务的文章中，有21篇提及《中英关于香港问题的联合声明》，强调《中英关于香港问题的联合声明》保护香港的言论自由和集会自由，保障香港的民主和高度自治[②]，并妄言目前香港的上述权利和自由“受损”，英国自然有“义务”干涉，保障香港人民应有的权利[③]。此外，部分文章指出，除《中英关于香港问题的联合声明》外，国际法亦“赋予”了英国以及国际社会“保护香港人民权利”的“义务”。例如，有文章声称，“英国必须认识到其在国际法下对香港负有的义务”，认为《世界人权宣言》保障了个人发表意见，通过任何媒介和不论国界寻求、接受、传递消息和思想以及和平集会和结社的自由，并以英国保守党人权委员会副主席罗杰斯入境香港被拒为例，提出香港的权利遭到“侵蚀”，而英国“有义务”关注这一问题并采取行动。[④] 不难发

---

① Hong Kong Watch, Volunteer assaulted at a Conservative Party conference fringe event on human rights in Hong Kong, https://www.hongkongwatch.org/all - posts/2018/10/1/volunteer - assaulted - a - conservative - party - conference - fringe - event - on - human - rights - in - hong - kong；登录时间：2018年10月3日。

② Hong Kong Watch, The banning of the Hong Kong National Party is in breach of the Sino-British Joint Declaration, https://www.hongkongwatch.org/all - posts/2018/9/24/hong - kong - watch - the - banning - of - the - hong - kong - national - party - is - in - breach - of - the - sino - britis h - joint - declaration；Hong Kong Watch：21 MPs support Umbrella Movement Nobel Peace Prize nomination, https://www.hongkongwatch.org/all - posts/2018/2/12/10 - mps - support - umbrella - movement - nobel - peace - prize - nomination；登录时间：2018年10月3日。

③ Hong Kong Watch, The Hong Kong Watch view on the conviction of Edward Leung to "rioting" charges, https://www.hongkongwatch.org/all - posts/2018/5/18/the - hong - kong - watch - view - on - the - conviction - of - edward - leung - to - rioting - charges；登录时间：2018年10月3日。

④ Hong Kong Watch, Ted Hui Chi-Fung：2017 shows us that it is time for the international community to speak up for Hong Kong, https://www.hongkongwatch.org/all - posts/2017/12/22/ted - hui - chi - fung - 2017 - shows - us - that - it - is - time - for - the - international - community - to - speak - up - for - hong - kong；登录时间：2018年10月3日。

现，上述分析是对目前香港与内地关系、香港政治发展现状的一种有偏颇性的解读。

第二是经济考量。除了认为英国对香港负有不可推卸的“法律义务”外，部分文章认为，英国干涉香港事务实际上也是对本国经济利益的维护。一是有文章声称，“任由中国‘践踏’中英签署的国际条约并不符合英国的经贸利益（笔者注：言外之意应是担心为中国“违反”两国签订的条约开先例）”[①]；二是英国必须维护香港的法治，从而保护英国在港公司的利益；[②] 三是认为香港有大量高技能、受过高等教育的优质劳动力，香港的人才对亚洲经济发展模式有深刻的理解，而这对脱欧后的英国来说犹有价值，因为英国正努力稳定与非欧洲国家的双边贸易协定。有文章认为，在香港人“要求个人自由、民主和自治被无视的情况下”，英国政府应该“给香港人一个自由选择的机会，去融入英国社会并为之做出贡献”，即给予香港人英国公民身份。[③]

第三是所谓的“历史责任”。部分文章认为，一方面，英国和香港有“历史关系”，英国必须“帮助香港人民捍卫其自由、法治

① Hong Kong Watch，Hong Kong democratic leaders call for unity during seminar to mark Umbrella Movement Anniversary，https：//www. hongkongwatch. org/all - posts/2018/9/28/hong - kong - democratic - leaders - call - for - unity - during - seminar - to - mark - umbrella - movement - anniversary；登录时间：2018 年 10 月 3 日。

② Hong Kong Watch，“Any enactment of Article 23 must not undermine basic rights and freedoms”：UK government statement，https：//www. hongkongwatch. org/all - posts/2018/3/29/any - enactment - of - article - 23 - must - not - undermine - basic - rights - and - freedoms - uk - government - statement；登录时间：2018 年 10 月 3 日。

③ Henry Jackson Society，Second-class Britons? Why Hongkongers should get UK citizenship，https：//henryjacksonsociety. org/media - centre/second - class - britons - why - hongkongers - should - get - uk - citizenship/，全文参见 Capx，Second - class Britons? Why Hongkongers should get UK citizenship，https：//capx. co/second - class - britons - the - case - for - hongkongers - to - be - given - uk - citizenship/；登录时间：2018 年 10 月 6 日。

和自治"①；另一方面，英国在殖民统治时代遗留下的法律以及其他制度，对香港至今仍有许多消极影响，因此，英国有义务要求香港废除或改变相关的法律和制度。例如，有文章指出《公安条例》（*Public Order Ordinance*）是殖民统治时代的法律，因此"英国对这一界定模糊的法律负有部分责任，应带头呼吁香港进行改革"②；又如功能界别（functional constituencies）被认为是"英国留下的最糟糕的遗产"，成为"香港实现民主的主要障碍"③；等等。

第四是所谓的"道义要求"。无论是香港观察，还是亨利·杰克逊学会和大赦国际，都围绕香港的言论自由、学术自由和人权问题发表过深度报告，从"人道主义"的角度出发，认为国际社会和英国对香港负有道德责任。在香港观察发布的文章中，有5 篇文章提到了英国的"道德责任（moral responsibilities/obligations）"，而且均一起提及了"法律责任（legal responsibilities/obligations）"。可见，道德和声誉也是英国智库要求英国有所行动的理由之一。

认为英国不应插手香港事务的文章则主要从以下三个方面阐述原因。首先，英国脱欧以及英国面临的其他经济压力，要求英国把

---

① Hong Kong Watch, Hong Kong Pro-Democracy leaders to speak at Conservative Party Conference, https://www.hongkongwatch.org/all-posts/2018/9/25/hong-kong-pro-democracy-leaders-to-speak-at-conservative-party-conference；登录时间：2018 年10 月6 日。

② Hong Kong Watch, The Hong Kong Watch view on the conviction of Edward Leung to "rioting" charges, https://www.hongkongwatch.org/all-posts/2018/5/18/the-hong-kong-watch-view-on-the-conviction-of-edward-leung-to-rioting-charges；登录时间：2018 年10 月6 日。

③ Hong Kong Watch, Hong Kong 20 Years On: freedom, human Rights and autonomy under fire, https://static1.squarespace.com/static/58ecfa82e3df284d3a13dd41/t/5a5c8159085229750fbe9727/1516011865759/Lord+Ashdown%27s+trip+report.pdf；登录时间：2018 年10 月6 日。

与中国建立新型关系置于优先地位。① 其次，英国早已不再管治香港，其在香港事务中的重要性必然会随着时间的推移而下降，查塔姆学会认为，“英国似乎严重错判了自己之于中国的意义，坚守自己不再具有的历史角色，试图在香港等问题上施加压力”②，认为“香港以外的人有权发表评论，但也有责任把这种评论建立在有历史依据的分析之上”③。最后，有关文章认为，香港的命运掌握在香港人的手里，香港人有能力为自己“辩护”，而“英国仍为香港人民福祉负责的想法已经过时”④。

五　实证检验：英国智库涉港报告的政策影响

通过上述分析，不难发现，英国智库主要通过凸显某一涉港议题以引起政府关注、评论政府现有对港政策以及提供政策建议三种方式来对英国政府施加影响。这与现有有关英国智库影响政府决策的行为相符。也有学者研究指出，英国智库通过舆论造势、事态预警、观点讨论、为核心决策层提供政策建议等方式影响英国政府的政策决策。⑤ 英国智库反复提及某一事

① Chatham House, “Hong Kong is now in the hands of its people—they cannot rely on others to stick up for them now”, https://www.chathamhouse.org/expert/comment/hong-kong-now-hands-its-people-they-cannot-rely-others-stick-them-now；登录时间：2018 年 10 月 6 日。

② Chatham House, “The UK shows leadership, and strategic clarity”, in Joining AIIB, https://www.chathamhouse.org/expert/comment/17261；登录时间：2018 年 10 月 6 日。

③ Chatham House, “Hong Kong is now in the hands of its people-they cannot rely on others to stick up for them now”, https://www.chathamhouse.org/expert/comment/hong-kong-now-hands-its-people-they-cannot-rely-others-stick-them-now；登录时间：2018 年 10 月 6 日。

④ Chatham House, “Does the UK have a responsibility to Hong Kong?”, https://www.chathamhouse.org/expert/comment/15979；登录时间：2018 年 10 月 6 日。

⑤ 张霄：《英国智库在“脱欧”进程中的角色及影响》，《决策探索（上半月）》2017 年第 10 期，第 70～72 页。

件，不仅能为政府提供相关问题的背景介绍，同时亦可引起政府注意、引导舆论；而评价政府现有政策则可起到预警的作用，防止政府出现“失误与偏差”；提供政策建议则可影响政府制定政策问题的框架。

为进一步理解英国智库涉港研究对英国干预香港事务行为是否产生了确定的影响，笔者根据前述界定，梳理了 1997 ~ 2018 年英国干涉香港事务的重要事件。然后，对 1997 ~ 2018 年 22 年间每两年期的干涉事件数进行统计，与英国智库每两年期涉港研究数进行比对（见图 6）。从图 6 可直观地看出，在智库涉港研究数较多的时期，英国干涉香港事务的事件也相对较多。通过使用 SPSS 软件对两组数据进行皮尔逊相关系数检测，发现两者呈现强相关（$r = 0.913, p < 0.01$）。这说明英国智库涉港研究数量与英国干涉香港行为之间存在显著的相关性，虽然不能就此认定智库报告直接地影响了英国政府干涉香港事务的所有行为，但是可以肯定智库的影响是存在的，且较为明显，而且两者之间还可能存在相互影响。

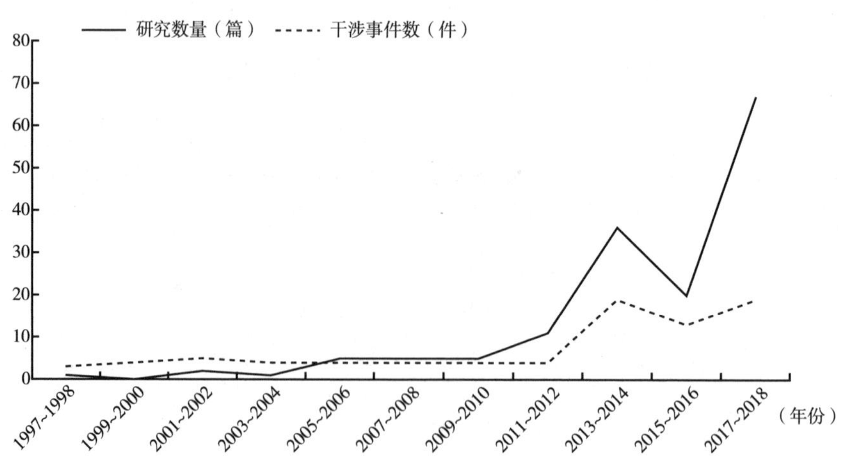

图 6　英国智库涉港研究数量与英国干涉香港事务事件数量走势分析

六 总结与建议

近年来，香港的民主派和本土派与外部势力的联系越发密切，外国势力的涉港动向值得我们警惕和防范。其中，英国与香港有着密切的历史和现实联系，又在国际上有较强的影响力和话语权，因此其对港政策尤其值得关注。本文以处于英国决策体系关键位置的英国智库为切入点，分析其对香港问题的解读，力图形成英国对香港问题的认知全景。

本研究有以下发现和结论。首先，在定量内容分析的基础上，本研究发现英国智库最关注香港的政治事务，然后是经济和社会事务，且给予政治及经济领域越来越多的关注。而在对香港存在的问题进行归因时，英国智库倾向于把消极问题归咎于内地和香港特区政府，而把香港的经济成就视为英国经济自由主义的遗产。而且，将问题归咎为前两者的研究总体呈增加趋势，意识形态化明显，为反对派势力介入提供了机会。

其次，在英国是否应干涉香港事务的问题上，绝大部分智库没有明确表态，而在英国有重要影响的查塔姆学会则倾向于认为英国政府不应插手香港事务。然而，部分反华智库，如香港观察和亨利·杰克逊学会大肆鼓吹英国政府应干涉香港事务，一些关注人权问题的智库，如大赦国际，也认为英国出于“道义”，应“有所作为”。同时，近年来支持英国干涉香港事务的研究数量呈快速增长之势，这很可能影响英国政府的对港政策。

由此可见，英国智库主要通过反复提及、凸显某一涉港事件以引起政府关注、评论政府现有对港政策以及提供政策建议三种方式来对英国政府施加影响。在智库发表涉港研究较多的年份，英国政府对香港事务的干涉行为也相对较多。通过统计分析，两者确实存在强相关，说明英国智库至少在一定程度上对英国政府干涉香港事务的行为产生了影响。

有鉴于此，我国有必要加强与部分关键智库的合作与交流，通过沟通来减少误解。可鼓励内地与香港两地的高校及智库与英国智库开展交流与合作，深化中立智库对香港问题的客观认知、争取持偏激态度智库的理解。对于部分密切关注香港问题、专注中国研究的智库学者，更要充分重视，尽可能地创造机会，邀请这些扮演关键意见领袖角色的专家访问内地和香港，通过各种途径向其传达正确、积极的信息，争取其对香港问题进行中立甚至正面、积极地解读。以查塔姆学会为例[①]，其发布的涉港研究主要来自亚太项目（Asia-Pacific Programme）以及全球经济与金融部门（Global Economy and Finance Department），其中，亚太项目高级顾问研究员 Tim Summers（夏添恩）、副研究员 Kerry Brown 发文最多，分别为 7 篇和 5 篇。这个项目和部门，以及上述两位研究员值得我们给予重视。

与此同时，对于部分反华智库的偏激、不实言论，需及时、有力地进行回应。一方面，鼓励我国媒体和智库发表相关报告阐明我方立场，掌握舆论制高点；另一方面，利用英国智库的观点分化和存在分歧的特点，借助部分智库的积极观点反击不利于我方的言论。此外，还需以实际行动让种种反华言论不攻自破，例如加强与在港英企的合

① 因该智库影响力强、对香港问题较为关注，且相关文章较为清楚地标识了作者及所属部门，故仅以此为例，其余智库不作赘述。

作，以反击部分智库认为英国在港经济利益有可能会受损的观点。

最后，需密切关注香港反对势力与英国智库的联系与合作。2018年，香港观察和亨利·杰克逊学会就曾联合举办座谈会，为戴耀廷等人提供“发言”平台，以图影响国际舆论。[①] 类似的“合作”值得我们警惕，需综合运用外交、政治、法律等手段予以打击、进行遣责，以免给反对势力在国际场合影响舆论的机会，以及给英国的反华政治势力介入的机会。

附录：

附表1　各主题类别编码

类别	描述	示例
1. 政治主题	1.1 关注香港与内地之间的政治关系 1.2 关注英国与香港之间的政治关系 1.3 关注香港内部的政治运作和发展	1.1:“但这并不是中国用来‘恐吓’和‘压制民主运动’唯一的殖民时代法律。” 1.2:《1997年英国国籍(香港)法》旨在处理主权移交后可能发生的无国籍情况，因为BN(O)s并不自动享有在英国的居留权。如果BN(O)s没有其他国籍，他们可以获得英国国籍。实际上，这让一些“非中国香港人”受益 1.3:“检察官正在故意使用模糊和含糊不清的指控，这将对香港的言论自由和和平集会产生寒蝉效应。”
2. 经济主题	2.1 分析香港的经济发展状况 2.2 研究香港的经济战略地位 2.3 介绍香港的经济历史	2.1:在今年的指数中，香港保持经济自由度最高评级，得分为10分中的8.9分 2.2:本文考察了香港在地区和全球经济中所扮演的角色，以及它如何在保持自身优势和身份的同时，更深入地融入中国内地 2.3:他(John Cowperthwaite)可以说是历史上最无名的英雄之一，因为他不仅在第二次世界大战后使香港的经济不断壮大，而且向全世界展示自由放任经济学是可行的

① 参见 http://www.takungpao.com/news/232109/2018/0929/182365.html；登录时间：2019年1月26日。

续表

类别	描述	示例
3. 社会主题	3.1 探讨香港移民劳工的社会处境 3.2 介绍香港的性别问题(同性恋、女性问题等) 3.3 介绍香港的宗教文化团体 3.4 分析香港性工作者的社会处境 3.5 教育情况	3.1:"第 2 级的排名反映了为剥削、强迫外佣劳动而进行的人口贩运问题在香港普遍存在。" 3.2:"这项判决是香港的一个里程碑,也是整个亚洲 LGBTI 人士权利的分水岭。它承认在海外合法结婚或在民事伴侣关系中的同性伴侣应该能够像对待性伴侣一样与伴侣一起生活。" 3.3:如今,"(香港)孔教学院"的目标是遵循孔子的学说,弘扬礼仪和仁慈的精髓。其目标是:……倡议将孔子的生日设为香港的公众假期,在世界各个城镇建立孔庙,将儒家学说融入小学、中等学院和大学的教育内容里,建设香港孔子纪念堂,使其成为世界儒学的中心 3.4:对香港性工作的监管尤其成问题。一些性工作者抱怨警察要求他们免费提供性服务 3.5:正如他们所说,一旦孩子进入香港这些"儿童友好"学校,就没有希望重新加入中国内地任何一所主流学校

附表 2　各归因类别编码

类别	描述	示例
4. 中国内地原因	认为相关问题由: 4.1 内地政府 4.2 内地经济发展 所导致	4.1:换句话说,中国政府"无意中使有关选举改革的辩论两极化","并使原本可能接受对话的社会成员变得激进" 4.2:中国不断扩大的贸易将促进香港人民币存款的增加,提升其在国际银行市场的地位
5. 香港本地原因	认为相关问题由: 5.1 香港政府 5.2 香港本土其他政治势力 5.3 香港本地经济结构 所导致	5.1:香港政府史无前例地决定使用《社团条例》来禁止"香港民族党"运作,这是一个"危险的先例",也是对言论自由的"不合理限制" 5.2:那些希望推动香港"突破基本法条款,实现普选"的人,也利用了白皮书 5.3:香港一直是最顶尖的全球金融中心,与纽约、伦敦和新加坡展开激烈竞争。分析其在过去十年里在国际金融市场的排名,可以清楚地看到,虽然外汇市场、衍生品、基金管理和银行业的地位也很重要,但香港现有的优势主要还是在于股市的运作和增长,以及对 IPO 的良好管理
6. 国际环境原因	认为相关问题由国际因素(如香港在国际上面临更多的竞争和挑战等)所导致	它仍是主要的人民币离岸交易中心以及金融中心。但它处处面对竞争。新加坡、悉尼等其他地方都有人民币交易业务
7. 未对问题进行明确归因	略	略

附表 3　英国智库政策建议类别编码表

8. 认为英国政府应该采取的策略	8.1 干涉策略:认为英国/国际社会应该参与到相关问题的解决之中	英国必须"把(维护)香港的自由和法治"作为首要任务
	8.2 不干涉策略:认为英国不再对香港负有义务,不应牵涉到相关问题中	这个想法——一些香港人所支持的——英国在某种程度上仍然对他们的幸福负责,这听起来已经过时了
9. 未对问题提出建议	略	略

附表 4　英国干涉香港事务的主要方式及具体手段

英国干涉香港事务的方式	具体手段	典型案例
1. 与反对派会面提供"道义支持"	1.1 私人会面	2015 年,时任驻港英国领事馆政治事务部长 Sarah Docherty 约见郑宇硕
	1.2 共同出席涉港"研讨会"/"听证会"等	2017 年,陈方安生、梁天琦出席英国"研讨会",与英国国会议员同场
2. 给予反对派实质支持	提供资金赞助非法活动	2013 年,驻港英国领事馆为华人民主书院拨款举办"学生冬季营"及"院校活动"
3. 公开表态以影响舆论	3.1 就某一香港问题表明态度	2014 年,英国外交部就香港"占中"发表书面声明
	3.2 就某一香港问题或某一时段香港的发展状况展开调查、形成所谓报告	英国政府定期发布《香港问题半年报告》
4. 议会讨论	4.1 议员提出动议要求就某一香港问题展开辩论	2018 年,10 名英国下议院议员联署提出动议,争取以国会之名,表态"支持提名'双学三子'角逐诺贝尔奖"(联署的 10 名议员来自 5 个政党,包括执政保守党、在野工党、苏格兰民族党等,其中由保守党人权委员会主席 Fiona Bruce 提出动议)
	4.2 议员进行联署对政府施压	2018 年,30 名英国国会议员向英国外交部发出联署信,声言香港特区政府利用法律"打压民主运动",或令司法独立"受损"

附表 5　1997 ~ 2018 年英国干涉香港事务的重要事件

干涉手段	年份	具体事件
私人会面 + 就某一香港问题表明态度	2002	(时任)英国外相斯特劳会晤李柱铭等人时重申,英国"有责任确保香港在《中英关于香港问题的联合声明》中享有的权利和自由得到维持"
私人会面	2014	陈方安生和李柱铭会见(时任)英国副首相克莱格
	2014	陈方安生和李柱铭在伦敦会见(时任)英国外交及联邦事务部国务大臣施维尔
	2014	陈方安生和李柱铭会见了英国议会跨党派中国小组
	2014	1 月至 6 月,(时任)驻港英国领事馆政治事务部长 Sarah Docherty 3 次约见戴耀廷,同年 9 月再发电邮给戴耀廷
	2015	(时任)驻港英国领事馆政治事务部长 Sarah Docherty 约见郑宇硕
	2015	马骏朗赴英期间,曾获得(时任)英国外交事务委员会主席 Sir Richard Ottaway 的会见
	2017	黄之锋赴伦敦,与工党的国会议员兼影子外交国务大臣 Catherine West 私下会面
	2017	公民党党魁杨岳桥等人与英国外交部官员见面
	2017	公民党党魁杨岳桥等人与工党下议院议员 Mike Gapes 见面
	2017	公民党党魁杨岳桥等人与下议院议长贝尔考(John Bercow)见面
共同出席涉港"研讨会"/"听证会"	2014	陈方安生和李柱铭出席英国议会外交事务委员会举办的公听会,另有多名香港反对派成员到英国"作供",包括社民连副主席吴文远及民主党主席刘慧卿
	2017	陈方安生、梁天琦出席英国"研讨会",与英国国会议员同场
	2018	戴耀廷、李柱铭、罗冠聪参加保守党年会
提供资金赞助非法活动	2013	驻港英国领事馆拨款华人民主书院举办"学生冬季营"及"院校活动"
	2016	(时任)驻港英国领事馆政治事务部长 Sarah Docherty 联同索罗斯旗下"开放社会基金会"赞助戴耀廷所任职的"比较法与公法研究中心"与港大新闻与传媒研究中心合办的"媒体法律与政策"活动

续表

干涉手段	年份	具体事件
就某一香港问题表明态度	2013	(时任)英国外交国务大臣施维尔为港特首普选发声
	2014	英国驻港领事馆就“一国两制”白皮书发表评论
	2014	英国外交部就香港“占中事件”发表书面声明
	2014	(时任)英国外交国务大臣施维尔就英国落实《中英关于香港问题的联合声明》问题向议会提交书面声明,“敦促”香港特区政府重启政改咨询
	2014	(时任)英国首相卡梅伦在英国议会接受议员提问时表示,香港民众能享受《中英关于香港问题的联合声明》中规定的自由和权利是很重要的。“民主包含真正的选择是很重要的”,卡梅伦称,“《中英关于香港问题的联合声明》保障了港人享有的权利和自由,包括言论自由、出版自由、集会自由、结社自由、旅行自由和罢工自由等”。“这些自由都是重要的,联合声明对此予以保证。而英国也应该要站出来维护这些自由。”
	2015	(时任)英国外交大臣菲利普·哈蒙德公开表示,“希望中国中央政府能够与香港各界再次展开政治对话”
	2016	英国外交部对香港铜锣湾书店五名股东、职工一事表达关注
	2017	英国外交部表示,希望“占中”案件改判“不会阻碍将来的合法示威”,表示英国继续是和平示威权利的坚定支持者
	2017	英国外交大臣鲍里斯·约翰逊要求“中国政府和香港地区领导人就阻止英国一名人权活动人士入境香港做出解释”
	2018	英国外交及联邦事务部就马凯的工作签证不获续期一事发表声明,称关注本次事件,又声言高度自治和新闻自由是香港生活方式的核心,“必须受到全面尊重”,并要求特区政府就此事“紧急解释”
	2018	英国称特区政府禁止“香港民族党”运作的命令“限制了言论和结社自由及政治活动”
就某一香港问题或某一时段香港的发展状况展开调查、形成报告	1997~2018	共发表了43份《香港问题半年报告》,1997年1份,1998~2018年每年2份
	2014	英国国会外交事务委员会宣布调查《中英关于香港问题的联合声明》颁布三十年的实施情况
	2018	英国议会代表团调查“周庭案”
议员提出动议要求就某一香港问题展开辩论	2018	英国8名跨党派下议院议员向英国议会提交议案,声称要为香港9名参与违法“占中”活动的“乱港分子”的案件进行辩论
	2018	英国国会议员在下议院提出跟香港法治及《中英关于香港问题的联合声明》有关的讨论
议员进行联署对政府施压	2018	30名英国国会议员在7月向英国外交部发出联署信,声言香港特区政府利用法律“打压民主运动”,或令司法独立“受损”

续表

干涉手段	年份	具体事件
议员进行联署对政府施压 + 议员提出动议要求就某一香港问题展开辩论	2018	10名英国下议院议员提出动议，争取以国会之名，支持提名“双学三子”角逐诺贝尔奖（进行联署的10名议员来自五个政党，包括执政保守党、在野工党、苏格兰民族党等，其中由保守党人权委员会主席 Fiona Bruce 提出动议）

注：表中相关事实参见以下注释。

英国外相承诺对香港有责任，http://news.bbc.co.uk/hi/chinese/news/newsid_2492000/24921491.stm；香港反对派获英副首相支持中国要求英方停止干涉，http://world.huanqiu.com/exclusive/2014-07/5068574.html；抗議英領館干港事「保港」成員促道歉，http://paper.wenweipo.com/2018/10/24/WA1810240007.htm；乱港档案解密：郑宇硕收风摸底27年献计美英手写密件曝光，http://www.takungpao.com.hk/news/232109/2018/0921/220129.html；「港獨黨」出賣國家主權須雷霆手段遏制，http://paper.wenweipo.com/2015/04/09/PL1504090002.htm；黄之锋狂言勾连“八国”乱港各界痛斥，http://news.takungpao.com/hkol/topnews/2017-08/3488767_wap.html；政界批反對派乞英美干港事，http://paper.wenweipo.com/2017/10/04/HK1710040038.htm；港反对派到英“作证”失国格港府：英国无监督权 http://china.huanqiu.com/article/2014-12/5260734.html?id_qz4kk；「獨」琦再赴英唱衰香港今次叫埋陳方安生，http://news.wenweipo.com/2017/07/04/IN1707040057.htm；唱衰香港丑态百出　乱港三汉奸赴英表演自取其辱，http://www.takungpao.com/news/232109/2018/1001/183077.html；英领馆证“独书院”伸手要钱致函大公报被证实乱华阴谋再曝光，http://www.takungpao.com/news/232109/2018/1015/189347.html；抗議英領館干港事「保港」成員促道歉，http://paper.wenweipo.com/2018/10/24/WA1810240007.htm；香港拒绝英“支援普选”英政府被指干涉中国内政，http://world.huanqiu.com/exclusive/2013-09/4360690.html；美英“高规格”回应一国两制白皮书香港各界批评，http://news.ifeng.com/a/20140613/40725294_0.shtml；英国外交部就香港占中行动发表书面声明，https://www.bbc.com/zhongwen/simp/uk/2014/09/140928_hongkong_uk；卡梅伦声称：英国应为香港人权利站出来，http://news.ifeng.com/a/20141017/42227489_0.shtml；英国下议院辩论香港问题前港督卫奕信赞港警措施适当，http://news.ifeng.com/a/20141018/42237071_0.shtml；英国外相哈蒙德敦促香港重启政改泛民议员梁家杰称欢迎介入，https://www.guancha.cn/politics/2015_07_22_327760.shtml；香港铜锣湾书店案：中国警告外国勿干预，https://www.bbc.com/zhongwen/simp/china/2016/01/160105_hongkong_bookstore_row；英保守党人被拒入境香港　约翰逊表关切，https://www.bbc.com/zhongwen/simp/chinese-news-41591196；外力屢借反對派把口煽「獨」，http://paper.wenweipo.com/2018/11/12/WA1811120003.htm；外交部：禁止“香港民族党”运作系中国内政　不容任何外国干预，http://www.xinhuanet.com/politics/2018-09/25/c_1123481339.htm；袁国强：英国对政改无发言权 http://news.takungpao.com/hkol/politics/2014-10/2785982.html；英国关注香港近期焦点民主案例，https://www.voachinese.com/a/news-uk-on-hk-democracy-cases-20180410/4340149.html；香港反对派赴欧求“洋人介入”港市民怒：要严惩，http://news.ifeng.com/a/20181119/60167813_0.shtml?_cpb_remenwz16；英續炒作馬凱「佔」案政界促停干預港事，http://paper.wenweipo.com/2018/12/06/HK1812060022.htm；英國10議員動議國會　支持提名雙學三子角逐諾貝爾獎，https://www.hk01.com/%E7%A4%BE%E6%9C%83%E6%96%B0%E8%81%9E/159661/%E8%8B%B1%E5%9C%8B10%E8%AD%B0%E5%93%A1%E5%8B%95%E8%AD%B0%E5%9C%8B%E6%9C%83-%E6%94%AF%E6%8C%81%E6%8F%90%E5%90%8D%E9%9B%99%E5%AD%B8%E4%B8%89%E5%AD%90%E8%A7%92%E9%80%90%E8%AB%BE%E8%B2%9D%E7%88%BE%E7%8D%8E；登录时间：2019年1月25日。

Quantitative Analysis of British Think Tanks' Reports on The Hong Kong Issue Since the Handover

Pang Qin, Zhao Yingzhu

Abstract: British think tanks have strong expertise in the Hong Kong issue analysis and a professional voice in the international community. At the same time, they play an important role in British foreign policy making. At present, China is facing serious external strategic threats. The opposition forces in Hong Kong are strengthening the use of external forces like Britain and the United States to achieve their own political purposes and the external influence on the Hong Kong issue are on the rise. While existing literature on the relationship between Britain and Hong Kong tend to focus on the British government's interference in Hong Kong's political affairs and its impact, it generally fails to generalize their cognitive approach to the Hong Kong issue, and thus is unable to grasp the essence of Britain's attitudes towards Hong Kong. To achieve a better understanding of this cognitive model, we analyze and grasp the policy positions and possible trend of British think tanks reports on Hong Kong. Specifically, we analyze their themed topics, attribution patterns and policy positions by adopting the framework theory and quantitative (statistical) analysis, and based on the finding, we put forward corresponding suggestions at the end.

Keywords: British Think Tanks; Hong Kong Issue; Think Tanks The Frame Theory; Quantitative Study

回归以来美国智库对香港问题的分析与解读[*]

庞琴　黎倚宁[**]

摘　要： 本研究通过定量分析方法分析美国智库对香港问题的关注焦点、分析思路、干涉立场并判断其未来的趋势走向。本研究发现，自1997年以来，美国智库的涉港研究报告的数量与美国政府干涉香港的行为之间显著相关，可以认为美国智库在美国政府的涉港行为中产生了明确的影响。美国智库内部根据其干涉香港事务的态度可以分为“温和”和“激进”派别。美国智库重点关注香港事务中政治领域的问题，特别是香港本地政治发展情况以及内地—香港特区的关系，而且这一趋势明显加强。在对美国政府的建议中，提出“支持香港民主”与“关注与香港的

* 本文在写作过程中得到以下项目资助：教育部人文社会科学研究青年基金项目“‘他者’在建立国家认同感中的作用：香港与内地青年对亚太国家的认知比较分析（14YJCGAT001）”；教育部人文社会科学重点研究基地项目“港澳本土意识与青少年国家认同（16JJDGAT004）”；教育部人文社会科学重点研究基地项目“美国、英国和欧盟等西方国家对香港问题的介入与应对（15JJD81006）”。

** 庞琴，中山大学国际关系学院副教授，粤港澳研究院研究员，主要研究方向为中国对外经济关系、香港政治、香港居民国家认同；黎倚宁，中山大学国际关系学院2015级本科生。

经济合作”的美国智库报告数量有所增长，提出向“中国施压”的美国智库报告数量则保持相对稳定。基于上述发现，本文提出相应的政策应对。

关键词： 香港　美国智库　框架理论　定量研究

一　研究背景与意义

自香港回归以来，美国一直以各种方式干涉香港政治发展。美国对香港事务的干涉一直是中美关系中的一个重要而敏感的问题。[①] 作为国际体系中的霸主国家，美国为维护自身战略利益不断遏制中国崛起并加紧对中国进行西方式民主政治渗透，而拥有西方殖民背景的香港正是一个进行价值观输出的合适施力点，因此，美国政府高层经常在香港政治和社会震荡的时期加紧对中国施压并扶持香港的民主派人士。然而，这不仅破坏了中国的国家主权，而且对我国国家政治安全造成重大隐患。近年来，美国加强对中国的全面战略遏制并波及香港。特朗普政府已经在香港问题上数次发表无理的谴责言论，制造事端。与此同时，香港的本土派和民主派趁机加强与美国的政府、媒体、智库和公众的联系，试图借助外部力量实现自身政治目的。因此，美国的干涉依然是困扰香港政治平稳发展的关键外部因素。

① 李环：《近年美国对香港政策变化及评估》，《现代国际关系》2016 年第 2 期。

然而一直以来，研究美国与香港关系的文献侧重于分析美国政府对香港政治事务的干涉原因、行为方式、主体及其影响。例如，不少学者对美国干预香港事务的原因和方式进行了简要分析，认为谋求经济和政治利益是美国干涉香港事务的两个基本因素。① 刘恩东在分析美国对香港民主输出历史的基础上，梳理了美国对港民主输出的政策行为主体。② 有学者从美国立法、国会涉港法案等角度分析美国国会对香港的干涉行为。③ 夏立平和许嘉从 1992 年《美国—香港政策法》入手，分析香港回归之后美国对港政策的变化，并且分析了这种变化对中美两国关系的影响。④ 已有文献中也不乏分析美国具体干涉手法的文章，如通过提供资金支持非政府组织、声援民主派人士等。⑤

虽然在美国对港政策和干涉手法方面已经有相当数量的研究，但是，从总体上看，全面分析美国对香港的认知模式和特点的文献仍然比较少见，甚少有文章全面探讨美国对香港政治、经济、社会问题的理解。现有研究对美国关注哪些香港问题、如何理解这些问题形成的原因及其应采取的立场尚无全面探讨，而且现有研究绝大部分为定性研究，缺少定量研究，数据支撑稍显不足。此外，从研究主体上看，讨论美国与香港关系的文献大多数从美国政府

---

① 李颖、徐青：《试论美国干预香港事务的原因及其影响》，《企业导报》2012 年第 3 期。

② 刘恩东：《1997 年后美国对港民主输出政策与香港政制发展》，《探索》2014 年第 6 期。

③ 郭永虎：《美国国会干涉中国香港事务的历史考察》，《当代中国史研究》2015 年第 3 期；张建、张哲馨：《香港回归以来美国国会对香港事务的介入及其影响》，《太平洋学报》2017 年第 7 期。

④ 夏立平、许嘉：《美国对香港回归中国的政策及其对中美关系的影响》，《世界经济与政治》1997 年第 4 期。

⑤ 沈本秋：《试析 2007 年以来美国对香港事务的介入》，《国际问题研究》2012 年第 1 期；蔡黛云：《香港回归与中美关系》，《深圳大学学报》（人文社会科学版）2001 年第 1 期。

的行为出发，较少涉及其他政治行为体，特别是缺少对智库的关注。①

美国智库在美国外交决策中具有重要地位。美国智库不但能够影响美国政府的涉港行为，还能够以非官方等更隐秘的方式直接影响和干涉香港本地事务。它们对香港的研究具有相当的影响力和话语权，在国际上建构了香港问题的话语框架，深刻影响着西方国家特别是美国政府和民众对香港问题的看法。本研究首先介绍美国智库如何影响美国政府的涉港政策，并通过实证数据分析影响的效果；然后，通过对美国主要智库涉及香港问题的研究报告进行定量的内容分析，力图全面把握美国关注香港政治、经济及社会等各方面问题的重点、规律和归因模式，从而填补上述理论空白，并为我们理解和预测美国政府的对港政策，特别是经济政策以及美国社会的对港认知提供重要思路。

二　涉港美国智库影响美国政府的方式与效果分析

（一）美国智库影响美国政府的方式

美国智库作为美国政府、政党以及利益集团的策略建议者，在美国公共政策制定和公共舆论引导中发挥着独特的作用。在外交领域，他们是“第二轨道外交”的重要组成部分，是美国制定和实

① 上海国际问题研究院的张建从美国的几个关键智库入手，分析了一部分智库文章对香港问题的看法和立场，参见张建《美国智库对香港问题的认知及其影响》，《国际展望》2018 年第 3 期。

施外交政策的重要辅助桥梁。[①] 美国的智库众多，其研究领域涵盖诸多方面，其中，关注香港问题的主要智库见本文第三部分。这些智库在规模上大多处于前列，正是因为其大型智库的身份，它们才能获得足够的资源关注诸如香港问题等美国本土之外的事务，可以在美国甚至全球范围内施加一定的影响。这些智库对于香港的研究一般具有双重视角，一方面，它们从中美关系和全球经济贸易等宏观框架下讨论香港的变化，将香港视为反映中国甚至亚太区域政治和经济情况的一个窗口；另一方面，它们也从香港本地发展的角度深入分析香港的政治、经济、媒体以及老龄化等具体问题。

智库在美国政府干涉香港事务的活动中，起到提出问题、要求关注问题、督促政策落实或提出政策建议的重要作用。它们的影响方式分为直接和间接两种。直接影响方式包括直接接触政府人员甚至美国总统从而影响他们的决策。同时，智库与美国政府之间的“旋转门”机制也为智库提供了直接影响政府决策的渠道。以涉及香港问题较多的布鲁金斯学会为例，到 2013 年，从布鲁金斯学会到美国政府任职的有 30 多人。[②] 他们也可以出席国会听证会，从而将关于香港的问题推入政府议会的议程之中，并努力影响决策的结果。间接影响方式包括向政府提交香港问题研究报告、利用网络媒体公布相关报告、发表文章、举办各种各样的讨论会引起公众对香港问题的重视等。

① 王莉丽：《美国智库的“旋转门”机制》，《国际问题研究》2010 年第 2 期。

② 周琪：《美国智库的组织结构及运作——以布鲁金斯学会为例》，《人民论坛》2013 年第 35 期。

（二）影响效果的实证分析

为了实证检验“美国智库是否影响美国政府干预香港事务的行为”，我们以年度数据为基础对智库报告的数量（自变量）与美国政府干涉香港事务的行为（因变量）进行相关性分析。由于自变量的取值相对简单，以下主要界定因变量并对其来源和赋值进行说明。

1. 对美国政府干涉香港事务行为的界定

由于香港是非主权国家行为体，美国对香港并没有明确的“外交”政策，[①] 但自回归以来形成了明确的干涉策略，即基于所谓“民主价值观”，对中国政府施压，并通过道义支持，呼应香港“民主派”的诉求。与英国的干涉手法相比，美国政府人士与香港非官方代表会面的职阶更高，而且新闻宣传更为高调。这一方面是因为，美国作为全球霸主国家，具有干涉其他国家内政并遏制崛起国家的战略需要（这一点在中美关系中极为明显），以及“冷战”结束以来形成的以所谓的“人权高于主权”为理念基础的“关注全球民主状况”的外交干涉传统；[②] 另一方面，美国本身拥有充足的外交资源，如大量的从事外交游说的职业利益集团以及希望在外交事务中获得民众支持的参众两院议员，与此同时，美国还具有全球性的舆论优势和影响力。因此，世界各地的政治异见组织包括香

① 有关美国是否对香港有明确的政策，目前存在争论。有些认为存在清晰的对港政策，即“维护香港的自治地位”，而有些则认为美国只有一些基本原则，如“维护香港的经济和政治自由从而推进美国的经济和安全利益”。详见张建《美国智库对香港问题的认知及其影响》，《国际展望》2018 年第 3 期。

② 罗艳华：《美国与冷战后的“新干涉主义”》，《国际政治研究》2002 年第 3 期，第 71 ~ 77 页。

港的民主派和本土派，都非常努力地向美国政府高层寻求帮助，而美国政府包括议会也相应地愿意在香港社会震荡的时期加紧对香港民主派人士增加扶持。

本文将美国政府的干涉行为界定为“美国政府（包括行政、立法和司法机构）参与并旨在改变香港现有政治和经济状况的行为”，并将以下三种情况视为美国政府对香港的实际干涉行为：①美国政府人士与香港反对派人士会面（简称“会面”），其中美国政府人士包括总统、国会议员、政府机构职员、美国驻港领事等；②美国国会举行与香港问题相关的听证会（简称“听证会”）；③美国国会通过与香港相关的法案（简称“涉港法案”）。每一年以上三类事件的总数为因变量。

2. 美国干涉香港事务事件样本来源

根据上述界定，笔者通过搜集相关研究文献[①]，整理国外、内地以及香港本地知名媒体对美国干涉香港事务的相关报道，收集美国干涉香港事务的事件。在搜索引擎中以香港反对派人士中、英文名作为关键词进行搜索，通读排除重复项和无关项，获得样本。根据对美国干涉香港事务行为的界定对结果进行整理，整理结果见表 1。整理结果参考的网站主要有 FT 中文网、观察者网、思考 HK、Hong Kong Free Press 等，另外还参考了香港反对派人士的个人网站或个人履历。相关数据虽然很难囊括所有事件，但仍具有一定的代表性。

---

① 如沈本秋：《试析 2007 年以来美国对香港事务的介入》，《国际问题研究》2012 年第 1 期；张建、张哲馨：《香港回归以来美国国会对香港事务的介入及其影响》，《太平洋学报》2017 年第 7 期。

表 1　美国政府实际干涉行为按年份整理情况

年份	次数	分类	具体情况
1997	2	会面	李柱铭与时任美国总统克林顿会面
		涉港法案	通过《香港回归法案》
1998	1	会面	李柱铭再次与克林顿会面
1999	1	听证会	美国国会参议院就回归以来美国的香港政策举行听证会
2004	4	会面	美国国会参议院对外关系委员会东亚及太平洋事务小组委员会主席布朗巴克赴港与“民主派”密切接触
		会面	李柱铭前往华盛顿参加美国国会参议院对外关系委员会的听证会，对香港民主发展做证
		听证会	美国国会参议院对外关系委员会专门就香港的民主发展举行听证会
		涉港法案	“支持香港自由”联合决议案
2005	1	会面	美国时任国务卿赖斯接见李柱铭
2009	1	会面	陈方安生与时任美国驻港总领事唐若文会见
2011	3	会面	美国副国务卿斯坦伯格访问香港，会见李柱铭
			美国国务卿希拉里访问香港，会见民主派何俊仁
			黄之锋一家受美国商会邀请访问澳门
2012	1	会面	时任驻港总领事杨苏棣与黄之锋父亲和公民党主席多次开会
2014	8	会面	李柱铭、陈方安生与美国民主党领袖南希·佩洛西会面等
			美国助理国务卿拉塞尔会见泛民主派代表
			美国众议院外交事务委员会主席爱德华·罗伊斯（Edward R. Royce）及该委员会的亚太小组委员会主席夏伯特率国会代表团访港，闭门会见了陈方安生以及属于香港泛民派的民主党和公民党的多名重要人物
			美国国防部前副部长保罗·沃尔福威茨与黎智英在游艇里密会
		听证会	美国“国会—行政部门中国委员会”举行“香港民主的未来”听证会
			美国众议院外交委员会亚太小组委员会举行名为“香港：破碎的承诺？”的听证会
			美国国会参议院对外关系委员会东亚和太平洋事务小组委员会也举行了名为“香港：评估‘雨伞运动’的影响”的听证会
		涉港法案	《香港人权和民主法案》
2015	1	会面	美国众议院议员访问香港，并与民主派政党议员会面

为了检验美国智库是否对美国政府干涉香港事务的行为产生了明确的作用，我们统计了 1997～2018 年美国智库公开出版的关于香港问题研究报告的数量与当年美国政府实际干涉行为的数量，通

过对两组数据进行皮尔逊相关系数检测，发现两者显著相关（$r = 0.515$，$p < 0.01$）。从图 1 可直观地看出，美国智库涉港文章数量较为集中的年份，美国政府层面的干涉行为也较为集中，两者变化趋势存在明显重合。这说明智库研究数量与干涉行为之间存在显著的相关性，虽然不能就此认定智库报告直接地影响美国政府干涉香港事务的所有行为，但是可以肯定智库的影响存在，当然，两者之间还可能会相互影响。

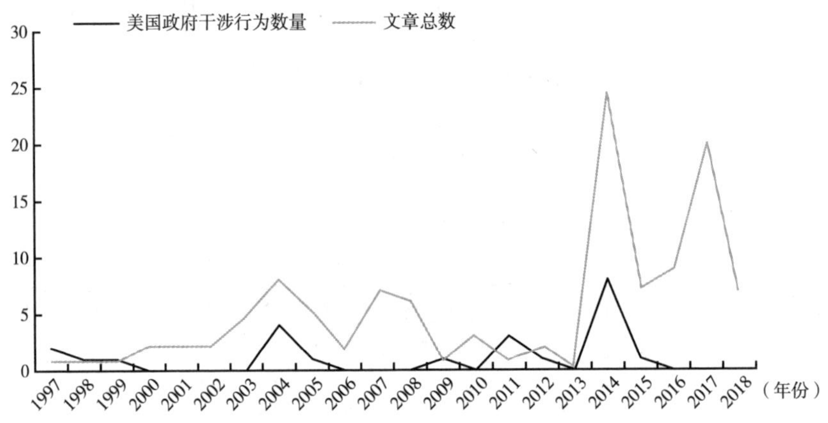

图 1　1997～2018 年美国智库涉港文章总数与美国实际干涉行为数量对比

三　智库报告的内容分析：研究问题及方法

美国智库对香港政治、经济及社会等问题的分析究竟是怎样的？具有哪些总体特征？以下通过对美国主要智库涉及香港问题的研究报告进行定量的内容分析，力图全面把握美国对香港问题的关注重点、关注规律和归因模式。在介绍研究方法和结果之前，首先简单说明本文研究的问题及研究背后的理论依据。1986 年，社会学家欧文·戈夫曼提出“框架理论”，认为在生活中人们会使用特定的框架来诠释生活。[①] 在政治学运用实践中，框架理论认为舆论是可塑的，语言框架可建构社会图景、设置政策议程。[②] 一个叙事框架主要包括议题、解释及对策三个要素，叙事者通过选择、凸显上述要素以构建框架。美国智库并不关注香港发生的所有事情，他们关注与香港相关的哪些议题、如何解释这些议题以及提出了何种对策成为我们理解他们的香港叙事“框架”的关键。据此，本文提出如下三个研究问题：①美国智库对香港问题的关注重点是什么？②他们是如何解释相关问题的，体现了何种立场或倾向？③他们对美国政府的政策建议是怎样的？未来的趋势如何？以下介绍具体的研究方法。

（一）美国智库报告来源

由于美国智库数量众多，本文首先基于《2017 年宾夕法尼亚大学智库报告》，将在美国总体排名前 100（含第 100 名）的智库作为报告总体选取范围；然后，以“Hong Kong”作为关键词在智库的官方网站中进行搜索，根据这些智库对香港问题的关注情况选出一些规模较大且具有一定影响力的智库（见表 2）；在这些智库中选取与香港密切相关或对香港情况的描述占据较大比例的文章或报告作为研究样本。最后，我们一共从 12 个智库的官方网站选取了 124 篇英文报告进行分析。其中 1997 年以前的文章 7 篇，1997 年至 2018 年的文章共 117 篇（智库及抽样具体情况见表 2）。

---

① E. Goffman, *Frame Analysis: An Essay On The Organization of Experience*, New York: Harper & Row, 1974, pp. 41 - 63.

② 马得勇：《政治传播中的框架效应——国外研究现状及其对中国的启示》，《政治学研究》2016 年第 4 期。

表 2　美国大型智库涉港报告抽样情况

单位：篇

智库	公开发表关于香港问题的研究报告数量(抽样)
传统基金会(The Heritage Foundation)	35
布鲁金斯学会(The Brookings Institution)	24
卡内基国际和平基金会(Carnegie Endowment for International Peace)	13
外交关系委员会(Council on Foreign Relations)	14
加图研究所(Cato Institute)	12
战略与国际问题研究中心(Centre for Strategic and International Studies)	8
自由之家(Freedom House)	6
兰德公司(RAND Corporation)	6
彼特森国际经济研究所(Peterson Institute for International Economics)	1
伍德罗 · 威尔逊国际学者中心(Woodrow Wilson Center for International Scholars)	1
胡佛研究所(Hoover Institution)	2
贝尔弗尔科学与国际事务研究中心(Belfer Center for Science and International Affairs)	2

（二）编码设计及可靠性检验

（1）编码规则表

为了对上述香港研究报告进行定量的内容分析，我们建立了规则编码表（见附录）。编码表分为三大类别，第 1、2、3 项属于内容类，目的是将文章的主要内容区分为“政治”、“经济”和“社会”三大类别并编码。其中在第 1 项“政治”上又进行了细分，包含了“中外关系”、“美国对外战略”、“香港和内地关系”以及“香港政治发展”四个具体话题（具体的分类标准、定义以及句例见附表 1）。

编码表中第 4 ~7 项属于归因类，即从原因分析的角度对涉港内容进行编码。涉及香港的报告一般围绕特定事件展开分析，将事件的原因归结为三个主体："香港本地"（第4项）、"中国内地"（第5项）和"国际环境"（第6项）。其中"香港本地"又分为"民间政治诉求"、"政府层次政治制度调整"和"香港经济状况"三个方面，对于"中国内地"和"国际环境"则分别包含政治、经济两方面的原因（详见附表2）。另外，第7项为"没有提及具体的原因"。

编码表第8项、第9项为对策类。美国智库涉港文章中常针对特定事件给出建议或者要求，我们将建议对象分为"中国中央政府"、"香港特区政府"和"美国政府"三个主体。由于智库主要针对美国政府，对其建议又再细分成"支持香港民主"、"关注与香港的经济合作"以及"向中国施压"（详见附表3与表4）。

（2）编码过程与可靠性检验

从所有文章中抽取9.67%（n=12）进行可靠性检验。首先对抽取的12篇文章分别按照上述编码表进行编码。每一篇文章分别在内容类（第1~3项）、归因类（第4~7项）、对策类（第8~9项）三大类上获得一个编码，即每篇文章有三个编码。在一个大类中如果有涉及多方面的讨论，则选取与文章主旨相近或主要讨论的因素进行编码。我们根据该编码表编码后，得出该编码表的可靠性为81.82%，属于可接受范围。确定可靠性之后，我们使用该编码表对剩余的112篇美国智库涉港文章也进行编码和分类。

四　智库报告的内容分析：研究结果

（一）涉港文章数量变化趋势

从总趋势上看，美国智库对香港事务的关注度在逐渐增加

（见图 2）。由图 2 可发现，在香港重要的政治事件前后，美国智库都会增加对香港事务的分析和讨论。如 2005 年，香港进行第二届香港行政长官选举；2004 年和 2008 年，香港分别进行第三届和第四届立法会选举，这些事件发生前后，美国智库涉港文章数量出现明显变化。2014 年，香港发生了“占领中环”和“雨伞行动”事件。对此，美国智库除了以短评或采访的方式简单反映事件之外，还有大量文章对香港的政治发展和民主情况进行深入讨论，要求美国政府根据 1992 年出台的《美国—香港政策法》关注香港情况，支持香港民主运动。

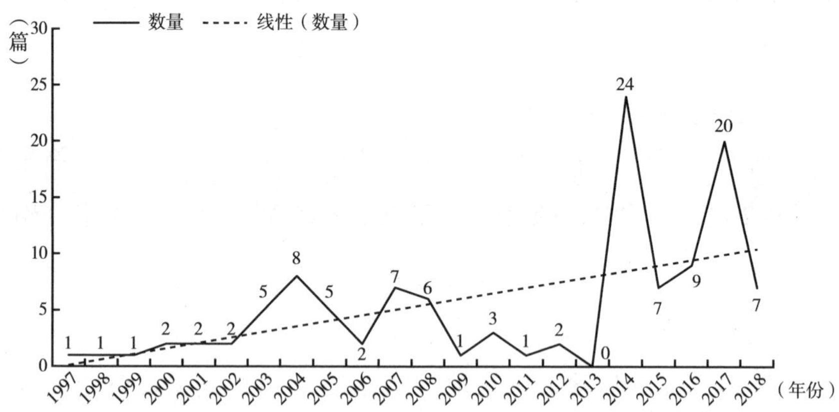

图 2　1997 ~ 2018 年美国智库涉港文章数量趋势

（二）涉港文章关注领域和变化趋势

第一，编码结果显示，从大类上说，政治问题是美国智库最为关心的香港问题。研究政治领域问题的文章占美国智库涉港文章的 79.03%，占比接近文章总数的 4/5（见表 3），而经济类文章占比仅为 16.94%，社会类文章更少，仅占 4.03%。

表 3　1997～2018 年美国智库涉港文章在各领域的分布情况

单位：篇，%

领域		文章内容概括	数量	比例	比例
政治	中外关系	香港成为国家间政治互动的因素之一，比如将香港作为中美首脑会谈、中英关系发展的话题之一	13	10.48	79.03
	美国对外战略	美国智库对美国历史上对港政策的梳理，或者要求美国政府对当今的香港情况做出反应	10	8.06	
	香港和内地关系	强调中国中央政府和香港特区政府之间的关系，常见的有美国智库对“一国两制”政策的解读和看法	35	28.23	
	香港政治发展	香港本地民间、立法会的活动或近期调整等内容	40	32.26	
经济		香港的经济地位、内地和香港两地的经济合作、美国涉港经济数据分析等	21	16.94	16.94
社会		能源合作、环境卫生、移民等问题	5	4.03	4.03

第二，从具体话题上看，政治领域中“香港政治发展”得到了最多关注。这类文章涉及香港民主人士进行的政治运动和特区政府事后的反应，以及香港立法会选举等政治动向。事实上，在所有对美国政府提出建议的文章中，有 1/3 来自这一方面。另外，“香港和内地的关系”也是美国智库一直以来比较关注的内容，近年来成为美国智库讨论香港问题的常见落脚点。这类文章多关注“一国两制”的实施情况、特区政府和中国中央政府之间的关系变化和政策调整等方面。这类文章也是美国智库对美国政府干涉香港事务建言献策的主要文章。此外，在“中外关系”这类文章中，不少报告将香港视为中国与其他国家，如中美或中英关系之间的一个新的博弈点，认为香港的政治变动会影响中国与他国的关系。

第三，在经济领域的文章中，美国智库大多关注香港独特的经济地位以及香港自由宽松的金融、贸易、投资环境。另外，对香港作为推动人民币离岸市场发展的地位的讨论也是常见的。根据香港特别行政区工业贸易署的统计，2017 年香港的主要贸易伙伴中，中国内地在贸易货值中排名第一，第二名为美国（约占比 6.6%）。[①] 鉴于香港对于中美两国的经济重要性，美国智库会一直保持对香港经济地位的关注。

有少部分文章讨论了“一带一路”倡议或粤港澳大湾区建设对香港的影响。布鲁金斯学会的一篇文章认为，虽然香港举办了很多与“一带一路”相关的峰会，但是香港依旧处在倡议的边缘和外围，而且香港更加关注服务业，而非基础设施建设方面。文章认为，内地港口吞吐量超过香港，“一带一路”相关机构的总部集中在北京等内地城市，说明在很多方面，内地已经逐渐超过香港。当内地加快“一带一路”倡议的实施时，香港需要努力地跟上这个节奏。[②]

第四，就总体趋势而言，我们集中讨论美国智库在香港政治问题上的关注度变化。在 2014 年的“占领中环”和“雨伞行动”事件发生前后，美国智库对于香港政治问题的关注度达到顶峰。此后，美国智库对香港政治问题一直保持着一定的关注度，关注点主要是民主运动的后续发展或内地与香港两地的对话与冲突（见图 3）。这一趋势预示着它们未来对香港政治事务的干涉应该会持续下去。

---

① 香港特别行政区工业贸易署：《2017 年香港的主要贸易伙伴》，http：//www. tid. gov. hk/tc_chi/trade_ relations/mainland/trade. html；访问日期：2019 年 1 月 30 日。

② Philippe Le Corre，“20 Years on，is Hong Kong the International it was hoped to be? “，30 June 2017，https：//www. brookings. edu/blog/order－from－chaos/2017/06/30/20－years－on－is－hong－kong－the－international－hub－it－was－hoped－to－be/；访问日期：2019 年 1 月 30 日。

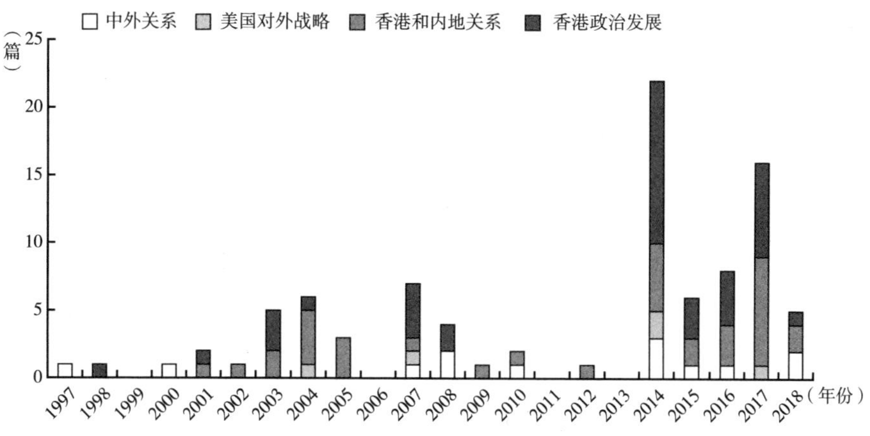

图 3　1997～2018 年美国智库涉港政治话题变化情况

（三）美国智库报告对香港问题的归因分析

通过对所有研究报告的原因进行编码归类，我们得出如下结果。

表 4　美国智库归因分类

分类		数量（篇）		比例（%）	
香港本地	民间政治诉求	14	44	11.29	35.48
	政府层次政治制度调整	19		15.32	
	香港经济结构	11		8.87	
中国内地	政治制度设计	41	49	33.06	39.52
	经济关系	8		6.45	
国际环境	国际政治	5	19	4.03	15.32
	国际经济	14		11.29	
没有提及具体原因		12		9.68	

第一，总体而言，大部分智库报告将香港问题的主要原因归为“香港本地”和“中国内地”，两种归因倾向各占 35.48% 和 39.52%；小部分认为是国际环境的影响，约占 15.32%。其中，

在中国内地原因中，大约33.06%的文章将涉港问题归因于内地对港的政治制度设计，特别是“一国两制”基础上的香港特区政治制度。在“香港本地”原因中，“政府层次政治制度调整”也是重点的归因对象，占15.32%（见表4）。“国际环境”的常见的归因点是国际经济环境，如中美经贸关系、美国在亚太经济利益等，除此之外，全球化浪潮、全球经济危机、跨国金融犯罪、投资安全等国际经济因素也是这一类归因的常见内容。

第二，从趋势上说，将问题归咎为内地和香港本土原因的研究呈明显的增加趋势，而把相关问题归因为国际环境影响的研究数量则小幅增长（见图4）。对于具体的归因而言，随着时间推移，也会产生变化。如“中国内地”因素中的“政治制度设计”，在回归前后，美国智库一般聚焦于“一国两制”的实施，在回归一段时间之后，对于有立法会选举、行政长官选举或民主运动的年份，“内地对香港政治制度的态度变化”成为最为常见的归因点。总体来说，美国智库研究报告的意识形态化比较明显，对内地以及香港特区政府的关注和指责仍然将会是主流。

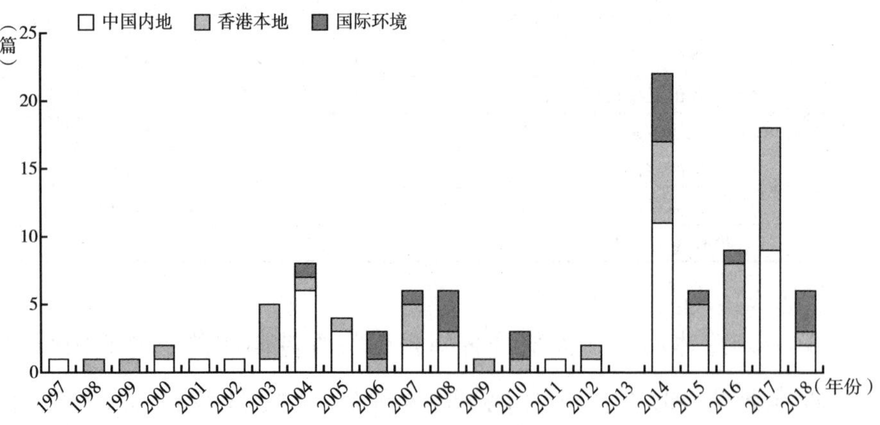

图4 1997~2018年美国智库涉港事务归因趋势

（四）对美政府政策建议分析

把握美国智库在香港问题上对美国政府的政策建议，对理解和预测美国对港政策有重要意义，同时也可以较好地理解美国智库在相关问题上的立场。

第一，我们以年度为单位整理出美国智库对美国政府提出建议的文章数（见图5）。我们发现美国智库提出建议的文章集中发表在香港有重要政治活动的年份，如香港爆发 SARS 和大规模示威游行的2003年、分别进行第二届香港特区行政长官和议会选举的2004年和2005年、发生“占领中环”和“雨伞行动”事件的2014年等，并借这些政治活动要求美国政府加强对香港民主活动的关注和支持。这说明美国智库干涉香港政治的模式主要是“做出迅速的应对式的反应”，较少采用主动的方式。

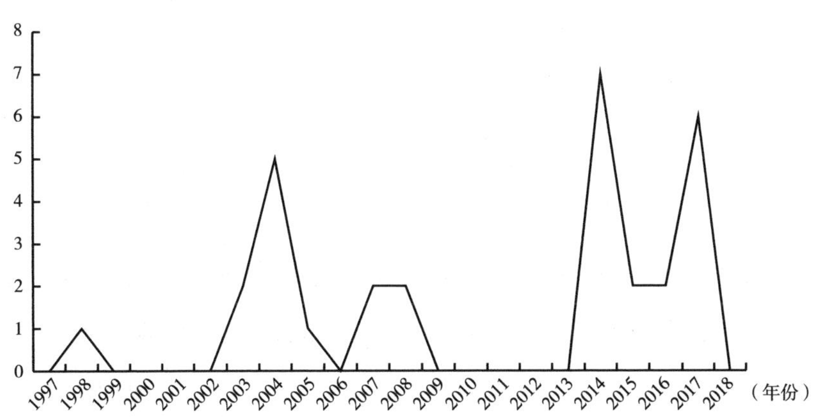

图5　1997～2018美国智库对美国政府提出建议的文章数量变化趋势

第二，我们将美国智库的政策建议细分为“支持香港民主”“关注与香港的经济合作”“向中国施压”三种类型，并按照年度顺序，以每两年为单位整理美国智库对美国政府在涉港事务中所提出的具体建议的变化趋势，结果发现“支持香港民主”呈现明显上升趋势，“关注与香港的经济合作”也有增长，“向中国施压”则相对保持稳定（见图 6）。这就预示着美国政府今后对香港事务的干预可能仍会主要采用“接触香港民主派”等间接干预香港事务的策略，而非直接公开地向中国政府挑衅。另外，美国政府可能会加大对香港经济事务的关心程度。

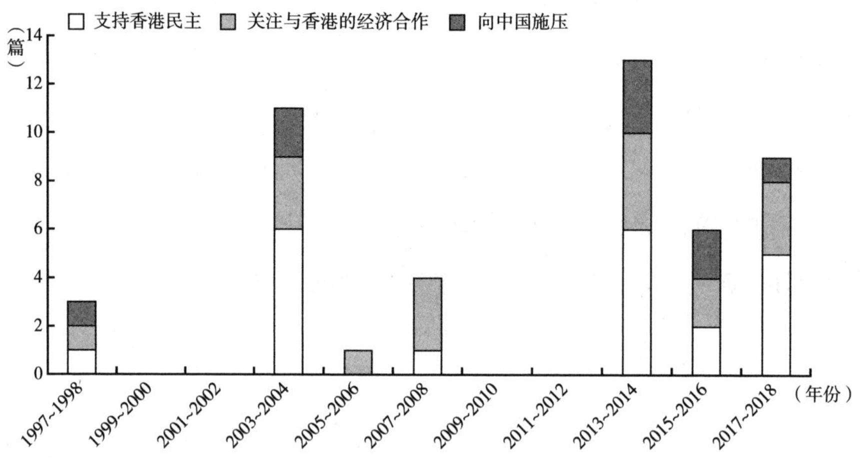

图 6　1997 ~ 2018 年美国智库对美国政府的政策建议变化

第三，就美国智库的内部分化而言，绝大多数的美国智库的文章偏向于根据 1992 年《美国—香港政策法》对香港事务保持关注，要求美国政府停止干涉的文章几乎没有。但是，智库内部对这种干涉存在程度上的差异。其中，布鲁金斯学会（3 篇）、外交关系委员会（2 篇）和卡内基国际和平基金会（3 篇）对美国政府的建议偏向缓和。这几个智库都建议美国政府在维护美国在港利益的基础上，承认香港是中国的一部分，承认中国中央政府正在加强对香港事务的控制和影响，美国政府不能够用直接或强硬手法干涉香港事务，不要挑战中国在主权问题上的底线，影响中美关系的稳定。

传统基金会、自由之家等意识形态倾向明显的智库则态度非常激进（它们本身是非政府组织，并有自己的行动目标），会用清晰、明显、迫切的文字要求美国政府对香港事务采取行动。在对美国政府提出强烈干涉香港政治的文章中，来自传统基金会的文章占比为 60.6%，接近 2/3。传统基金会提供的政策建议一般是在中国内地政治经济发展的背景下要求美国政府关注香港发生的变化，敦促中国内地政府履行“一国两制”的承诺，并根据 1992 年《美国—香港政策法》维护美国在港利益。同时，美国应该坚持自身“世界警察”的地位，更加积极地支持香港的民主运动。由此可以看出尽管美国智库总体对华态度不友好，但是内部意见存在较大分歧，我们应该更好地利用他们之间的不同观点。

五　总结与建议

美国对香港事务的干涉一直是中美关系中的一个敏感而重要的问题。本研究发现自 1997 年以来，美国智库涉及香港事务的研究报告数量与美国政府对香港事务的干涉行为之间显著相关，可以认为美国智库在美国政府的涉港行为中产生了明确的影响。美国智库重点关注香港事务中政治领域的问题，特别是香港本地政治发展情况以及内地—香港特区的关系，而且这一趋势明显加强。前一类文章涉及香港民主人士进行的政治运动和特区政府事后的反应，以及香港立法会选举等政治动向；后一类文章多关注“一国两制”的实施情况、特区政府和中国中央政府之间的关系变化和政策调整等内容。大部分智库报告认为香港主要问题应归因于“香港本地”和“中国内地”，而且这样的归因倾向还有上升趋势。在有立法会选举、行政长官选举或民主运动的年份，“内地对香港政治制度的态度变化”则是最为常见的归因点。研究还发现对美国政府的建议中，“支持香港民主”呈现上升趋势，“关注与香港的经济合作”也有所增长，向“中国施压”则相对保持稳定。美国智库向美国政府提出建议的文章集中发表在香港有重要政治活动的年份，这说明美国智库干涉香港政治事务的模式主要是“做出迅速的应对式的反应”。

就总体趋势而言，美国政府未来可能会加大对香港问题的关注程度，特别是在有关香港本土政治发展方面，并会沿用“接触香港民主派”等间接干预香港事务的策略，同时可能会加大对香港经济事务的关心程度，因此，我们对美国在香港问题中所产生的负面影响不能掉以轻心。考虑到美国智库内部对香港事务的干涉态度存在较大的差异，如布鲁金斯学会、卡内基国际和平基金会和外交关系委员会对美国政府的建议偏向温和，而传统基金会、自由之家等智库的建议带有明显的意识形态倾向，对香港问题的态度较为激进和迫切，我们应该针对不同美国智库对香港事务的立场，展开相应的公共外交工作。对于布鲁金斯学会、卡内基国际和平基金会和外交关系委员会这类智库，应该与之进行相关的合作研究，让这些智库全面认识香港的发展和内地在其中的作用，避免因为信息不对称而产生误解或偏见。对于传统基金会、自由之家、美国民主基金会和美国国际事务民主协会等，可以鼓励香港相关智库与其进行交流，了解他们对香港事务的关注点，减少他们对香港反对派的支持，防止香港内部问题上升至国际层面，降低智库言论在国际层面造成的负面影响。

参考文献

[1] 李环：《近年美国对香港政策变化及评估》，《现代国际关系》2016 年第 2 期。

[2] 李颖、徐青：《试论美国干预香港事务的原因及其影响》，《企业导报》2012 年第 3 期。

[3] 刘恩东：《1997 年后美国对港民主输出政策与香港政制发展》，《探索》2014 年第 6 期。

[4] 夏立平、许嘉：《美国对香港回归中国的政策及其对中美关系的影响》，《世界经济与政治》1997 年第 4 期。

[5] 郭永虎：《美国国会干涉中国香港事务的历史考察》，《当代中国史研究》2015 年第 2 期。

[6] 张建、张哲馨：《香港回归以来美国国会对香港事务的介入及其影响》，《太平洋学报》2017 年第 7 期。

[7] 沈本秋：《试析 2007 年以来美国对香港事务的介入》，《国际问题研究》2012 年第 1 期。

[8] 蔡黛云：《香港回归与中美关系》，《深圳大学学报》（人文社会科学版）2001 年第 1 期。

[9] 郝文娟：《1997 ~ 2007 年美国对香港政策研究》，广东外语外贸大学硕士学位论文，2008。

[10] 张建：《美国智库对香港问题的认知及其影响》，《国际展望》2018 年第三期。

[11] 马得勇：《政治传播中的框架效应——国外研究现状及其对中国的启示》，《政治学研究》2016 年第 4 期。

[12] Yahya Benkhedda, "Islam and Muslims in U. S. Think Tank Electronic Media: Framing, Narrative, and Ethics", *Global Media Journal Canadian Edition*. Vol. 9, Issue 2, 2016。

[13] Frost, Jetta & Vogel, Rick, "Framing Strategies of Think Tanks: A Case Study", Paper presented at CREMA Center for Research in Economics, Management and the Arts, Zürich, November 24, 2007.

［14］ E. Goffman, *Frame Analysis: An Essay On The Organization of Experience*, New York: Harper & Row. 1974.

［15］ Gamson W. A. , *Media Images and the social construction of reality*, Annual Review of Sociology.

［16］ Entman, Robert. M. , "Framing: Towards Clarification of a Fractured Paradigm", *Journal of Communication*, Vol. 43, No. 4, 1993.

［17］ 李柱铭个人网站：http://www. martinlee. org. hk/MeetMartin. html。

［18］ 观察者网香港反对派专题：https://www. guancha. cn/XiangGangFanDuiPai。

［19］ 思考 HK，http://www. thinkhk. com。

［20］ hongkongfp, https://www. hongkongfp. com/.

［21］ 香港特别行政区工业贸易署：《2017 年香港的主要贸易伙伴》，http://www. tid. gov. hk/tc_ chi/trade_ relations/mainland/trade. html 。

［22］ Philippe Le Corre, "20 Years on, is Hong Kong the International It Was Hoped to Be? ", 30 June 2017, https://www. brookings. edu/blog/order - from - chaos/2017/06/30/20 - years - on - is - hong - kong - the - international - hub - it - was - hoped - to - be/.

附录

附表 1　内容类编码

涉及领域	具体话题	描述	句例
1. 政治内容	1.1 中外关系	香港是影响中国和其他国家、地区间政治、经济关系，全球治理合作，美台关系的重要因素	（对于中国的影响力）华盛顿还需要注意到两个相关的事项：台湾和大陆之间的不稳定关系和越发紧张的香港局势
	1.2 美国对外战略	美国在香港民主进程中的重要性或者发挥的作用	在这个环境中，美国可以在香港人努力构建一个双方都能接受的妥协方案的过程中充当支持者角色
	1.3 香港和内地关系	讨论内地对香港特别行政区的政治制度设计、香港特区政府和中国中央政府之间的互动、内地与香港两地人民的相互看法等内容	中国担心的不是一人一票，而是香港党派趁机寻求增加港府独立性的紧急状况
	1.4 香港政治发展	香港本地的政治活动（包括民间或党派对民主、人权、劳工权益等的倡议或申诉）、立法会动向等民主法制方面的内容	在最近的 9 月 4 日立法选举中，民主派提高了他们的政治地位，表明公众拒绝北京对香港的政策

续表

涉及领域	具体话题	描述	句例
2. 经济内容	经济环境	香港在全球或双边关系中的经济地位、经贸自由程度、货币政策、股票市场、金融管理等方面的内容	但每个人都忘记了香港是中国的一部分，并且对中国、美国或其他任何国家都没有关税（新加坡也没有）
3. 社会内容	卫生、环境、能源	涉及香港卫生情况、环境保护、新能源技术与合作方面的内容	虽然存在差异，洛杉矶和香港目前正在宣传相似的交通和城市规划方案以控制空气污染和温室气体排放

附表 2　归因类编码

类别	具体原因	描述	句例
4. 香港本地原因	4.1 民间政治诉求	涉及对香港本地民间个人或群体的政治诉求和活动方面的分析	民主人士在战术战略上存在分歧
	4.2 政府层次政治制度调整	对香港特区政府、立法会动向等政府层次法律制度建设方面的分析	未来发展还将取决于香港新任行政长官林郑月娥和她的政府
	4.3 香港经济状况	香港在经贸方面的重要性、政策动态或者实施效果分析	特别是，特区政府在金融危机高峰时对股票价格的支持显然是对自由市场规则的破坏
5. 中国内地原因	5.1 政治制度原因	涉及对“一国两制”的讨论或者美国智库眼中中国中央政府对港政治制度设计的讨论	言外之意是，中国计划通过选定候选人来“控制”未来的选举结果
	5.2 经济关系原因	中国内地和香港之间的经济关系或者协议带来的影响	当中国在加速实施“一带一路”倡议时，香港正在努力使自己身处其中
6. 国际环境原因	6.1 国际政治原因	双边或多边政治关系、国际组织等国际行为体层次的互动形成的影响	（香港）已经为亚洲基础设施投资银行提供和建立财政部总部
	6.2 国际经济原因	国家、地区间经济关系（如中美、美港经济关系等）、全球经济环境、全球思潮等影响	过去一年里，出于对中美贸易关系的担忧，香港人对美国政府的评价差于对中国中央政府的评价
7. 没有提及具体的原因		文章中没有对事件进行原因分析	略

附表 3　对策类编码

类别		描述	句例
8. 对策	8.1 对中国中央政府的建议或要求	美国方面认为中国内地政府在香港问题上需要面对的问题或者需要采取的制度设计上的改变	然而，更深层次的问题是，中国内地与香港的关系能否在“联邦框架”中得到理解，这是《白皮书》试图消除的主要问题
	8.2　对香港特区政府的建议或要求	美国方面认为香港特区政府需要采取的政策	香港唯一能够保持国际机会的做法是继续投资人才和教育，成为全球人才和思想的聚集地，以增强其自身的知识和世界认同
	8.3 对美国政府的建议或要求	在香港事务上建议美国充当的角色或者做法	然而，在未来，美国应该谨慎地支持香港抵抗中国内地……如果华盛顿在言行上公然支持民主阵营，并在行政长官选举的问题上反对北京，那只会加强中国人对美国背信弃义的认知
9. 没有提及具体的对策		文章中没有对事件提供对策或建议	略

附表 4　对美国政府建议具体观点的编码

建议	具体观点	句例
8.3.1 支持香港民主	强调美国在香港事务中的角色，认为美国可以用种种方法支持香港民主，认为美国政府应该关注香港事务	如果国际社会不能保护香港公民的自由和权利，那么让权利和人权保护在中国其他地区扎根也变得希望渺茫
8.3.2 关注与香港的经济合作	强调香港在美国（亚太地区）经济利益中的重要性，认为美国政府应该关注香港的经济变化	应当关注回归后香港的变化，因为香港是美国的经济利益所在，美国需要对这类变化保持警惕以保护美国在港经济利益
8.3.3 向中国施压	应当提醒中国政府履行给予香港“一国两制”中高度自治权的承诺，保护香港的自由和人权	美国的政策制定者应当提醒中国政府履行 1982 年《中英关于香港问题的联合声明》中对香港人民的承诺

Quantitative Analysis of American Think Tanks' Reports on The Hong Kong Issue Since the Handover

Pang Qin, *Li Qining*

Abstract: The United States is the biggest external factor for the Hong Kong issue. This study analyzes the content, attribution patterns, policypositions of American think tanks' reports on Hong Kong issues by quantitative methods. It finds out the number of Hong Kong-related research reports produced by American think tanks each year is closely associated with the trend of US government'sinterfering behaviors towards Hong Kong, which suggests that American think tanks should have a clear impact on the American government's policies towards Hong Kong. The American think tanks can be divided into "moderate" and "radical" factions with regard to policy interventions for Hong Kong. Their reports focus on political issues, particularlylocal political development in Hong Kong and the relationship between Mainland and the HKSAR, and this trend is on the rise. As for their policy recommendations for the American government, while "supporting democracy in Hong Kong" and "strengthening economic cooperation with Hong Kong" are increasing, "putting pressure on China" remains relatively stable. Based on the above findings, this paper proposes corresponding policy responses.

Keywords: Hong Kong; American Think Tanks; The Frame Theory; Quantitative Research

港澳政治

论香港立法会制约“拉布”的法理基础与实践进路*

邓伟平　李少速**

摘　要：关于香港立法会“拉布”的制约问题，一直存有争议。从历史上看，“拉布”是香港民主政治制度发展过程中的产物。本文聚焦于制约“拉布”的法理基础与实践进路，通过分析“拉布”的历史源流、法律基础及其在香港立法会审议实践中的具体表现和危害，回应限制动议、剪布权及《议事规则》修订等方面的治理措施在实践过程中所遭受的质疑，从而论证制约“拉布”及相关具体制度的法理正当性。

关键词：香港立法会　限制“拉布”　法理基础　行政主导

* 本文为港澳和海外统战工作理论广东研究基地2018年研究课题成果。

** 邓伟平，中山大学法学院副教授，硕士研究生导师，主要研究方向为法理学、比较法学和港澳法律研究；李少速，中山大学法学院2016级硕士研究生，专业为法学理论。

引　言

“拉布”是政治词语“filibuster”的中文翻译“阻挠议事”在香港粤语语境中的独特表达方式[①]，指的是少数派议员为了表达特定政治目的、阻挠特定议案通过、干预政府施政，以无休止发言、无休止辩论或其他方式瘫痪议事、阻挠投票，逼使其他议员做出让步的议事策略。[②] 香港回归二十多年来，立法会的“拉布”战愈演愈烈。2017 年 12 月 15 日和 2018 年 1 月 13 日，立法会和财务委员会分别审议通过《议事规则》修订决议案和修订会议程序的机制，均旨在控制“拉布”现象的发生。而限制“拉布”与否一直存有争议，有人认为，“拉布”是法律赋予议员的言论及辩论自由在议会审议程序中的应用，既可以保证少数派议员的权利，监督多数派议员和政府行政权力的行使，保持权力制衡，又可以防止多数派议员支持的“恶法”通过，是香港民主政治制度和法治社会建设的

---

① 关于 filibuster 的词源追溯有两种说法，一种说法是它源于西班牙语，另一种说法是它源于荷兰语，但都是海盗劫持勒索船只获得赎金的意思，在西方引申到政治语境，意为议会中反对某项议案的少数派议员为了阻挠、推迟或延缓这一议案的表决通过，采用冗长演说、辩论等手段“劫持”议事程序。https：//baike. baidu. com/item/% E5% 86% 97% E9% 95% BF% E8% BE% A9% E8% AE% BA/16273715？ fromtitle = % E6% 8B% 89% E5% B8% 83&fromid =43567&fr = aladdin. ［EB/OL］ 2018 -2 -1。这样的政治词语在香港称为“拉布”，源于香港本土制衣工厂的一道程序——拉布，也就是布匹由机床左拉到机床右，再由右拉回到左，反反复复的，这样形象化的运用最初是在足球评论领域，形容球员用拖延战术，消耗时间去保持领先的优势，赢得胜利，后经媒体多方运用，逐渐衍变成“阻挠议事”的同义词。区少铨：《“拉布”是“费力把事拖”?》，http：//www. liberalstudies. hk/blog/ls_ blog. php? id =1473，2017 年 12 月 11 日。

② Filibuster：an action such as a prolonged speech that obstructs progress in a legislative assembly while not technically contravening the required procedures；or，act in an obstructive manner in a legislature，especially by speaking at inordinate length. available at：https：//translate. google. cn/#en/zh - CN/filibuster. ［EB/OL］ 2018 -2 -1.

重要保障。也有人认为，“拉布”不是宪制权利，在香港立法会的实践中，“拉布”已从褒义词或中性词演变成了贬义词，少数派议员滥用该议事策略，导致许多事关民生的议案议而不决，严重影响了议会和政府的工作效率，大量耗费了公共资源和社会成本，他们的“拉布”之举不是出于公意和公益，而是为了个人政治目的或其所在政党的利益，有悖于民主政治和法治社会的本质要求。[①] 此外，关于限制拉布的举措，是否合法合情合理，也是莫衷一是。

现实生活中具体的法律问题所关涉的值得考虑的因素复杂多样，很难寻找到一种普适性的哲学回答，但是，一项新修法律制度如果没有普适理念给予理论上的支撑，其合法性与正当性将受到质疑，结果就是该项法律规范得不到普遍的遵守，无法发挥应有的约束作用，最终有可能出现法律制度愈多秩序愈少的局面[②]。可见，上述争议的解决对新修《议事规则》的实施和香港政治体制的改革与发展都具有重大的现实意义。本文力图从理论上厘清观点产生分歧的缘由，从中探索出形成共识的可能性，为限制香港立法会的“拉布”现象提供强有力的法理根基。

一　立法会“拉布”之恶

“拉布”的确本是法律允许的存在，但是随着香港立法会政治化的加剧，“拉布”逐渐恶质化，法律原先容许的空间滋养的不再是善，

① 观点分歧主要参见《立法会会议过程正式记录》（2017 年 12 月 15 日），https：//www. legco. gov. hk/yr17 – 18/chinese/counmtg/floor/cm20171215 – confirm – ec. pdf，2018 年 2 月 1 日。

② 贺卫方：《司法的理念与制度》，中国政法大学出版社，1998。“引入新制本是为了抑制旧制的弊端，但新制无从良好的运作，旧有的秩序却已遭破坏，结果是新旧两方面的弊端一股脑地涌现出来，规则日多而秩序日少的状况是必然的。”

限制“拉布”成为必然，否则，我们共同追求的将是恶。恰如德沃金所言，“如果选举或者参议院现在的不平等确曾有助于增进对所有人的平等关心，就像人们曾经认为那些不利之处，就只是一个政党制度安排的一个偶然的副作用，而因此它们也是可以接受的。但是，因为这些不平等并没有这样的作用，所造成的损害是任意的恶，而且，如果任何制度都可以对它们予以纠正，那么，再不进行纠正，就是不正当地漠不关心那些因此而受损之人的利益或意见了”①。

（一）允许“拉布”的缘由

在法律上，议员有无限制发言的空间。根据《议事规则》的规定，议员每次发言的时间不得超过 15 分钟，但某些发言的次数不受限制，且对议案修正案的审议采用逐项辩论发言的辩论方式。② 辩论发言规则这样的设计，主要是受到西方国家尤其是英国的影响。

一方面，源于对港英时期议事规范的继受。1845 年，立法局根据《1843 年皇室训令》第六条正式采用《立法局会议常规及规则》，根据该条指令总督制定《香港会议常规及规则》，确保议员准时出席会议，并规管处理事务及进行辩论的程序和方法。《1843 年皇室训令》第四条至第二十三条亦规定了会议法定人数、立法局人员、保

---

① 〔美〕罗纳德·德沃金：《刺猬的正义》，周望、徐宗立译，中国政法大学出版社，2012。

② 《议事规则》（H 部发言规则）第 36 条第（5）款规定：“除本议事规则第 37 条（内务委员会建议的发言时间）另有规定外，议员如未获立法会主席或全体委员会主席许可，发言不得超过 15 分钟，上述许可只会在例外情况下给予。”第 36 条第（6）款规定：“第（5）款提述的发言时限，不适用于获委派官员及根据本议事规则第 21 条（文件的提交）及第 54 条第（7）款（二读）向立法会做出报告的议员。”第 38 条第（1）款第（a）项规定：“议员就每项议题发言不得多于一次，但以下情况则属例外——在全体委员会会议上；或依照本条第（2）款的规定作出解释；或如属议案动议人，依照本条第（3）款的规定发言答辩；或依照本条第（6）款的规定，就‘本会感谢行政长官发表施政报告’的议案发言。”第 34 条第（3）款规定：“议员动议修正案后，立法会主席或全体委员会主席即须提出议案予以修正的待议议题，议员随即可就该议题进行辩论。”

存会议记录、立法及表决程序。1929年12月，《立法局会议常规及规则》改称为《立法局会议常规》（下称《会议常规》）。香港回归后，1998年7月2日，第一届立法会依据《基本法》第75条表决通过《议事规则》。在与《基本法》的法律规范和精神不相抵触的前提下，《议事规则》以1997年前立法局使用的《会议常规》作为蓝本，只作了必需的修改或增补，内容与《会议常规》大同小异。[①]

另一方面，源于对民主政治理念的偏向。在香港受港英政府管治的156年间，正是（17～19世纪）西方资本主义思潮的兴起和发展阶段，从中国封建王朝的君主专制统治到英国资本主义国家的殖民统治，殖民政治文化、法律思想和价值观念的渗透，使得香港社会在挣脱封建皇权束缚、排斥权力专制的同时，普遍接受乃至信奉人权、权利、自由、平等、民主、法治、分权、公平、效率等法律理念。这些看似虚构出来的却被坚信的理论观念遍及香港社会的各个方面，包括法律规则的设计及社会秩序的塑造。这种影响力的形成不仅因为我们人类擅长通过“讲故事”赢得信任和合作[②]，还因为我们人类乐于对事物进行比较权衡和做归纳总结。相较于封建社会、君主专制、权威决策，资本主义社会、人民主权、权力制衡更受欢迎。这样的偏好同样适用于回归后的香港，相较于港督制度，行政主导下“港人治港”、高度自治的代议民主制更符合理性。

① 《从立法局到立法会：迈向新综合大楼的历程》，http：//sc. legco. gov. hk/sc/www. legco. gov. hk/general/sc/sec/ebook/files/mobile/index. html#14，2018年1月19日。

② 〔以色列〕尤瓦尔·赫拉利：《人类简史》，林俊宏译，中信出版社，2014。作者采用多学科知识论证了人类能在今天成为地球的主宰的原因，不是因为我们有丰富的情感和心灵，而是因为只有人类会相信天堂，其他动物不会。只有人类能被国家、神灵、货币等虚构出来的东西所赋予的意义感动得热泪盈眶，为了捍卫这些东西而团结在一起，甚至心甘情愿为之牺牲个人的快乐和生命。就这样，我们用虚构的故事建立想象的秩序，有效地组织起所有人，最终成了地球上最强大的生物。

在民主制度下，在全部的政权机构里，立法会是受到多数人的意志制约最重的。[①] 权力受多数人意志的约束，这种情况如果被多数人利用并联合起来，对少数人进行压迫，自然会形成多数人的“暴政”和无政府状态。如果多数人对“恶法”达成共识，则等同于选择集体性自杀或屠杀。况且事实证明，多数人认同的观点不一定都符合社会客观规律，少数人赞同的也不一定都是谬误。因此，“在今天的政治思想中，一般已把‘多数的暴虐’这一点列入社会所须警防的诸种祸灾之内了”[②]。在健康的民主社会里，反对是一种合法的权利，不同意见应获得同等保护，多数人的共同诉求不能作为压制少数人的合理诉求的一个绝对理由，少数派应享有抗衡多数派的某些特权。[③] 议员言论豁免权、辩论权、质询权等权利乃至“拉布”便是在这样的逻辑下应运而生的。

（二）“拉布”闹剧的上演

马拉松式议事是香港立法会会议的常态。回归前，1997 年 6 月 23 日开始至 1997 年 6 月 28 日结束，长达 80 小时 8 分钟的会议是香港立法会有史以来历时最长的会议。回归后，冗长会议的传统得以延续，2000 年 2 月 23 日召开的会议就是一个典型例子，历时 15.5 小时，其中一半的时间在针对《地下铁路条例草案》进行辩论和讨论，对此，立法会主席范徐丽泰在该年度会期的立法会年报序言中

---

① 〔法〕托克维尔：《论美国的民主》，陈玮译，九州出版社。

② 〔英〕密尔：《论自由》，许宝骙译，商务印书馆，2015。

③ Douglas Dion, *Turing the Legislative Thumbscrew——Minority Rights and Procedural Change in Legislative Politics*, The University of Michigan Press, 1997, 7. 道格拉斯·迪昂（Douglas Dion）教授将少数派权利的含义界定为两个方面，一方面，少数派的权利是反对的权利，持有异议的少数能够有效地反对多数的决定；另一方面，修正议案、投票甚至在全体大会中构成法定人数，也都可以被列入“少数派的权利”。

写道：本人一直认为，通宵达旦的会议，会令议员承受不必要的压力，也会扰乱议员本身及其他委员会的工作安排，因此应该尽量避免。在该次长时间的会议后，本人决定：日后如果预计会议不能在当日大约午夜前结束，便会在晚上10时左右暂停，并于翌日上午9时30分续会。此后，这项不具约束力的规则很多时候得到沿用，但是，马拉松式会议没有因此结束，譬如，在2006年8月2日至8月5日举行的会议，历时近58小时才通过《截取通讯及监察条例草案》；在2008年7月9日开始至7月13日完结的会议，长达62小时3分，其中24小时5分钟的时间是就《投诉警方独立监察委员会条例草案》进行辩论；在2010年7月14日开始至2010年7月17日结束的会议，历时长达53小时，其中41小时27分钟用来审议《最低工资条例草案》。[①]

冗长辩论、冗长发言的程序一旦异化成习，平和、理性的议事精神将荡然无存，本是议事策略的“拉布”成了“搞事情”的代名词，致使人们一旦谈及“拉布”想到的就是恶质“拉布”。香港立法会首次“拉布”是在1999年12月1日，当时在法案二读辩论阶段支持《提供市政服务（重组）条例草案》的人数不足法定最低人数，民建联的谭耀宗、曾钰成及其他亲建制派议员为争取有利票数，在各派别代表发言完毕后，继续轮流发言，将会议延续至晚上10时33分才休会。翌日复会，58人出席36票赞同21票反对，最终议案通过，市政局和区域市政局解散。[②] 此后，“拉布”在实践中发生了质的变化，沦为了激进反对派对抗政府的工具，被用来

① “虽然立法会会议大多历时8到9小时，但会议持续两至三天亦非罕见。”《从立法局到立法会：迈向新综合大楼的历程》，http://sc.legco.gov.hk/sc/www.legco.gov.hk/general/sc/sec/ebook/files/mobile/index.html#14，2018年1月19日。

② 田飞龙：《香港立法会的恶质拉布及其治理》，《当代港澳研究》2014年第3辑。

表明其“概括性反政府”的不合作立场，以民生议题捆绑常规拨款议题、借“拉布”之名撕裂社会的趋向越来越明显，譬如，2000 年的广深港高铁香港段拨款拉布战[①]；2012 年的议席出缺方案拉布战[②]；2012 年的政府架构重组议案拉布战[③]；2012 年的长者生活津贴议案拉布战[④]；《2014 年版权（修订）条例草案》拉布战[⑤]；2013 年、2014 年、2015 年的预算案拉布战[⑥]。

---

① 王平：《港珠澳大桥深陷“拉布”泥潭（遥遥无期完工日　迟迟不见追加款）》，《人民日报》（海外版）2016 年 1 月 27 日；王大可：《“剪布！香港高铁逃过烂尾劫（拒绝再拖一锤定音　两年以后完工通车）》，《人民日报》（海外版）2016 年 3 月 14 日；大公网：《高铁香港段一波三折》，http：//news. takungpao. com/hkol/topnews/2014 - 04/2447184. html，2018 年 1 月 19 日；星岛环球网：《陈鉴林果断剪布：高铁拨款审议闯关成功》，http：//news. stnn. cc/hongkong/2016/0312/294310. shtml，2018 年 1 月 20 日。

② 事件源起于 2010 年 1 月 27 日，公民党和社民连联合发起五区总辞与公投以对抗宪制，公民党和社民连两党五名立法会议员集体辞职并随即参与补选，并把补选的结果称为“变相公投”的表决。为限制辞职后的议员半年内不得当选，香港特区政府在 2012 年 2 月 8 日向立法会提交《2012 年立法会（修订）条例草案》（简称《议员出缺条例草案》）。参见邹平学、孙成、潘亚鹏《香港泛民主派“五区总辞与公投”问题研究》，《当代中国政治研究报告》，2011 年第 00 期。

③《研究与政府总部架构重组有关的法例修订建议小组委员会报告》（2012 年 6 月 15 日内务委员会会议文件），http：//www. legco. gov. hk/yr11 - 12/chinese/hc/papers/hc0615cb2 - 2350 - c. pdf；《立法会会议过程正式记录》（2012 年 6 月 21 日），https：//www. legco. gov. hk/yr11 - 12/chinese/counmtg/floor/cm0621 - confirm - ec. pdf，2018 年 1 月 28 日。

④ 此次冗长辩论，财务委员会开会次数达 7 次，历时约 30 小时，共提出约 600 项动议，尚有 113 项动议未处理，《立法会会议过程正式记录》（2012 年 11 月 9 日）；长者生活津贴简称“长津”，又称“特惠生果金”，是香港特区政府推行的一项惠及香港 65 岁及以上“有需要”长者的社会福利津贴，https：//www. legco. gov. hk/yr12 - 13/chinese/fc/fc/minutes/fc20121109. pdf，2018 年 1 月 27 日。

⑤《2014 年版权（修订）条例草案》（2014 年 6 月 20 日内务委员会会议文件法律事务部报告），https：//www. legco. gov. hk/yr13 - 14/chinese/hc/papers/hc0620ls - 63 - c. pdf；大公网，《反对派疯狂拉布阻版权例》（2015 年 12 月 18 日），http：//news. takungpao. com/paper/q/2015/1218/3255334. html，2018 年 2 月 1 日。

⑥《立法会会议过程正式记录》（2013 年 5 月 13 日），https：//www. legco. gov. hk/yr12 - 13/chinese/counmtg/hansard/cm0513 - translate - c. pdf；《立法会秘书处新闻稿》（立法会将恢复二读辩论《2014 年拨款条例草案》），https：//www. legco. gov. hk/yr13 - 14/chinese/press/papers/pr20140407 - 1 - c. pdf；《立法会会议过程正式记录》（2015 年 4 月 16 日），https：//www. legco. gov. hk/yr14 - 15/chinese/counmtg/floor/cm20150416 - confirm - ec. pdf，2018 年 1 月 27 日。

近来，引起社会各界关注的“拉布”是《议事规则》修正案“拉布”战。[1] 2017年12月7日早上，立法会大会开始正式审议修订《议事规则》，拟议决议案共有24项建议，由于主要内容均与防止“拉布”有关，因此审议过程中自然避免不了反对派的“拉布”阻挠，“拉布”手段可谓五花八门：不断提出规程问题，大肆扰乱秩序；算点法定人数次数达8次；多次高叫口号、拍打桌面，阻碍他人发言；杨岳桥、陈志全等人带头离开座位，手持示威物件冲往主席台，发难示威，令议会一再失序；围堵冲击主席台的许智峰以箍颈招式抗拒前来维护秩序的保安员；陈志全因扰乱会场被保安人员抬离会议厅时，许智峰公然拍打安保人员。这样的阻挠致使全日会议三度暂停，至晚上7时50分休会。阻挠连同点人数最少浪费了4.5小时，使得议会运作严重瘫痪。12月13日、14日续会，陈志全等人依然故意拖延审议时间，以纪念南京大屠杀80周年为由要求主席批准动议休会。从立法会开始处理修订《议事规则》拟议决议案到最终获得通过，一共花了36个小时。12月15日下午7点左右，修订《议事规则》拟议决议案获得通过，是因为立法会采纳了建制派的修例建议，即在功能组别22票支持、5票反对、1票弃权，及地区直选15票支持、7票反对，两组别支持均多于反对的条件下，通过了动议；当日，立法会全数否决了由非建制派议员提出的关于立法会《议事规则》修订的10项议案。继修订《议事规则》之后，“拉布”“重灾区”财委会同样历经反对派多番阻挠后才于2018年1月13日通过修订会议程序的机制。而早在2012年10月19日，民建

① 《立法会会议过程正式记录》（2017年12月15日），https://www.legco.gov.hk/yr17-18/chinese/counmtg/floor/cm20171215-confirm-ec.pdf，2018年1月26日。

联议员叶国谦就动议修改财委会会议程序，旨在限制议员提出临时动议的权利和数量，但是当时审议过程中遭到泛民派议员的恶意“拉布”，提出数量庞大的修订动议，导致修例最终被搁置。

（三）恶质“拉布”的危害

“拉布”的不良后果，显而易见的有：浪费时间，严重影响立法会的议事效率和政府的施政效率；扰乱立法会的会议秩序，削弱立法会的民主审议功能；干扰政府方案的推行，侵蚀行政权威，造成政府管治困难，加剧立法会内部各政党之间及立法和行政之间关系的恶化；推迟和阻挠民生项目的开展，造成公共政策无法落实，浪费公帑，劳民伤财，损害社会公共利益，激化社会深层次矛盾，阻碍香港发展的进程。当然，香港立法会的“拉布”闹剧的危害不止这些，有的学者从民主代议政体的结构性与根源性的受损入手，详尽论述了“拉布”破坏议会的民主代表性、反噬泛民派根基等多重危害。[①] 窃以为，“拉布”的破坏力不仅波及民众、社会和国家政治领域，还危及香港的法治领域。

其一，法治是一个融合了多重意义的综合观念，是民主、自由、平等、人权、理性、文明、秩序、效益与合法性的完美结合。[②]“拉布”战对民主的损伤、对秩序的破坏，也是对法治的践踏。限制政府的权力、保障公民的权利，是法治的政治内涵之一，也是法治的关键所在。以孟德斯鸠为代表的思想家从保障自由的角度出发探讨政府的权力限制问题，认为权力具有天然扩张性和侵略

---

① 田飞龙：《“拉布倒逼剪布”的多重危害》，http：//article. chinalawinfo. com/ArticleFullText. aspx？ ArticleId =94922，2018 年 1 月 20 日。

② 张文显：《二十世纪西方法哲学思潮研究》，法律出版社，1996。

性，要想保卫自由则需要限制政府的权力，需要一种不孕育绝对权力的政治体制。民主代议制恰好能在很大程度上限制政府的权力。民选代表的立法机关是民众利益表达和权利形成与巩固的专门场所，议员是民众的传话人，代表的是公共意志，而不是个别选民的意志。香港立法会的恶质“拉布”，尤其是民生议案方面的“拉布”，很明显不是公意所驱。这种背离公益和公义的行为，如果不加以限制，将可能导致极端现象的发生，使权力成为权力行使人在政治竞争中的棋子，民众被架空，民众共同意志难以成为法意。2016 年否决的《2014 年版权（修订）条例草案》就是一个典型例子。香港现行版权条例远远落后于时代，许多条款是 100 多年前通过的（最早的于 1843 年通过），有些条款已经不足以保护或无法适用于新兴文学、艺术和科学作品，甚至与社会脱节，作者的正当权益急需健全的版权法来予以保护。然而，在修订审议过程中，实施“拉布”的人不在乎民众权益的重要性，阻碍草案的通过，严重阻碍了香港法律制度的完善。

其二，《基本法》是香港地区的宪制性文件，是香港法治的基础，不遵守《基本法》等同于侵蚀香港的法治根基。《基本法》第 77 条规定，议员们在立法会的会议上发言，免受法律追究。这是《基本法》授予议员的权利，同时，《基本法》也规定了议员的义务。第 42 条规定，香港居民和在香港的其他人有遵守香港实行的法律的义务；第 99 条规定，公务人员必须尽忠职守，对香港政府负责；第 104 条规定，香港地区的包括立法会议员在内的公职人员在就职时必须依法宣誓，承诺拥护《基本法》，承诺效忠香港。兼具香港居民和香港公务人员双重身份的议员，在享有职务带来的权利和附加价值（比如社会地位、荣誉感）的同时必须履行相关法定义务。[①] 议员宣誓是政治效忠的外在形式，即政治效忠是宣誓的实质内容，议员最起码的做法就是对国家政权忠诚和服从。民主激进主义议员三番五次借"拉布"手段来对抗香港特区政府，对抗中央政府的行为，显然没有效忠之意，严重违反了《基本法》的义务性规定。法治是守法之治，要求社会包括官员在内的所有民众普遍守法，否则，法律的约束作用得不到发挥，便跟人治无异。官员以身作则遵守法律至关重要，官员一旦不守法，对于社会和国家而言，便会陷入危险境地，就像古罗马思想家西塞罗所言，"官员不守法，不仅是沉溺于邪恶的勾当，而且会以他们的病毒传染整个国家，官员腐败了，还腐蚀其他人，并以他们的坏榜样而不是他们的罪孽造成更大的危害"[②]。"拉布"议员的违法行为极有可能影响到香港市民对《基本法》及香港其他法律的态度，因为他们的"拉布"行为似乎在宣示，可以为了自己的目的而无视法律的规约。简而言之，官员不守法，公众守法的可能性微乎其微，将致使法律公信力缺失，居于香港核心价值首位的法治将难以让人信服。

二　限制"拉布"的积极理由

对于《议事规则》修订的通过，反对派议员表示不服，他们认为立法会审议程序的修改是"趁人之危"，修订会议程序议案提出时，反对派有6名议员因2016年10月12日的"宣誓风波"失去议席，数量处于劣势，这个契机使得通过会议程序修订案的可能

---

① "埃德蒙·伯克的道德和政治学的核心：义务不是选择的而是必须履行的。"〔美〕尤瓦尔·莱文：《大争论：左派和右派的起源》，王小娥、谢昉译，中信出版社，2014。

② 〔古罗马〕西塞罗：《国家篇·法律篇》，沈淑平、苏力译，商务印书馆，1999。

性大幅增加。不可否认，议席的差别让《议事规则》修订案通过没那么艰难，但试想如果不是他们猖狂地“拉布”，还会这样吗？反对派似乎总是对“拉布”所产生的种种危害选择忽视，殊不知，在社会资源恒定的情况下，不管是政党利益的博弈还是民意的导向或是法的价值的选择，限制“拉布”都是必然的。因为，“在一个组织良好的社会能够保证的许多利益中，再也没有比制止和控制狂热分裂的趋势值得更正确地加以发挥了”[①]。

（一）政党利益的博弈

在“一国两制”的政制架构内，身为政体体制核心的行政长官具有双重属性，既是香港地区的最高代表，又是香港特区政府的首长。行政长官独特的法律地位决定了该职位人选的严格性，行政长官不得具备党派背景。[②] 这样的身份规定，让任何政党派别的人士都没有机会当选行政长官及获取最高行政权。社民连等政党中的反对派人士试图通过疯狂“拉布”寻求最终话语权却无济于事。当然，这不意味着政党没有丝毫政治影响力。在行政长官有权无票、立法会有票无权的政治格局中，具备政党背景的人士可以通过选举成为议员，将本党派所要表达的政治诉求和利益需求带入立法会，对政权运作施加影响。而立法会中党派林立，以第六届立法会

① 〔美〕汉密尔顿、杰伊、麦迪逊：《联邦党人文集》，陈逢如等译，商务印书馆，2011。

② 1996 年 10 月香港特别行政区筹委会通过的《第一任行政长官人选的产生办法》第 4 条规定：“有意参选第一任行政长官的人应以个人身份接受提名。具有政党或政治团体身份的人在表明参选意愿前必须退出政治团体。”《行政长官选举条例》（2012 年 9 月 2 日版）第 31 条规定，“胜出的候选人须声明他不是政党的成员。根据第 28 条获宣布在选举中当选的人，须在该项宣布作出后的 7 个工作日内（a）公开作出一项法定声明，表明他不是任何政党的成员；及（b）向选举主任提交一份书面承诺，表明他如获任命为行政长官，则在他担任行政长官的任期内（i）他不会成为任何政党的成员；或（ii）他不会作出具有使他受到任何政党的党纪约束的效果的任何作为”。

为例，70 个议员，18 个政党，其中亲建制派 40 席、泛民主派 23 席、本土派 6 席、其他 1 席。不管是哪个政党派别，他们在立法会中的主张，都是在谋求利益。利益的多元化、相互之间的博弈消磨，终将趋向一个平衡状态，否则会永远没有结果，而这个能让彼此利益保持相对平衡的就是独立于党争之外的公共利益。

这似乎是利益集团社会中难解困境的自我解救，在一个开放和自由的社会里，人民有权表达他们的政治观点、向政府请愿、为了事业而组织起来，当然人民当中的某些群体也会追求自己的利益，即便他们所主张的政策可能会伤害他人，并且可能并不符合国家利益。一般而言，政府要想遏制这种自私自利的追求，不得不采取独裁方式，取消政治自由，禁止人民自由表达政治观点。[①] 而当一个社会中同时存在很多利益团体或很多利益政党时，情况就不那么悲观了。一个有自己的制衡手段的代议制政府将不会被任何派别所主导，相反，政府将要应对所有的观点，形成符合公共利益的政策。[②] 也就是说，在多利益博弈的过程中，独立于利益之外的政府终将形成符合公益的政策，这是政党多方利益博弈必然的妥协结果。“拉布”的过程就是利益博弈的一个过程。虽然反对派发起“拉布”欲对抗的是政府，但是他们博弈的对立面不仅仅是掌握政权的政府，还有其他党派甚至全市民。一个政府政策或提案往往涉及社会资源利益的配置，对这项立法起决定作用的是经济关系。[③]

---

① 〔美〕杰弗里 · M. 贝瑞、克莱德 · 威尔科克斯：《利益集团社会》，王明进译，中国人民大学出版社，2012。

② 〔美〕杰弗里 · M. 贝瑞、克莱德 · 威尔科克斯：《利益集团社会》，王明进译，中国人民大学出版社，2012。

③ “无论政治的立法或市民的立法，都是表明和记载经济关系的要求而已。”马克思、恩格斯：《马克思恩格斯全集》第四卷，人民出版社，1958。

因此，很多时候反对派在立法会上的“拉布”，看似是与政府及其他党派在进行利益博弈，实则是在跟社会及公众利益博弈，没有说服力，没有合理性支持，不管拉锯战这个过程有多漫长、多激烈，反对派力量都不足以对抗社会经济利益，最终将无能为力，不得不妥协。

（二）民情舆情的响应

如果法律的基础不是民情，那么它的状态就不会稳定。[①] 只有基于民情而产生的法律才能真正适用于社会，才能得到民众的遵守和维护。阻碍基于民情提出的法律方案的通过，等同于阻抗民情。民情是一个民族唯一强韧而持久的力量，它深入人们的所有生活习惯之中，能承受得住时间给予的考验，经得起人力加之的阻抗。[②] 民情既包括民众在生活、生产中所形成的风尚习俗等情况，也包括民众的心情和愿望。在本文探讨“拉布”对抗民情舆情的语境里，民情特指民众的思想和意愿，即民意。根据香港市民的舆情指向，“拉布”在香港是不受欢迎的做法，限制“拉布”是民心所向。

中评智库的大数据舆情报告（数据采集时间：2017 年 10 月 1 日至 12 月 18 日）表明，不管是建制派人士还是非建制派人士，对“拉布”都没有持积极态度。[③] 建制派认为，虽然修订《议事规则》依然无法完全杜绝“拉布”，但可以减少“拉布”的发生，令立法会更有效率地讨论及监察政府政策，并且能适时批出公帑，助力香港经济发展；非建制派虽然不完全心甘情愿地接受“拉布”的限

① 〔法〕托克维尔：《论美国的民主》，陈玮译，九州出版社，2013。

② 〔法〕托克维尔：《论美国的民主》，陈玮译，九州出版社，2013。

③ 中评社：《中评智库：香港立法会修改〈议事规则〉舆情》，http：//wemedia. ifeng. com/43371062/wemedia. shtml，2018 年 1 月 25 日。

制，但是也不想因为“拉布”问题而失去选民的支持，在他们看来，限制“拉布”，在一定程度上反而有利于他们争取中间选民的支持，毕竟背负“拉布”这个带有贬义色彩的名号对他们的政治诉求无益。

从香港市民最重视的社会民生问题看，“拉布”难以为继。市民最重视的议题是与自身生存发展最密切的社会民生问题，如表 1 所示。市民对政治的关心，基本是出于对民生经济的关心，一项公共政策的出台对民生经济的发展趋向有着直接的影响。很多社会政治话题所受到的关注度的高低跟其与民生经济的联系紧密程度有关，从中评智库的大数据舆情报告采集的关于争议议题关键词关注度的数据中可见一斑（见图 1）。当然，数据显示“拉布”最受关注还有一个重要的原因，数据的采集时间是 2017 年 10 月到 12 月，这段时间恰逢《议事规则》被提上修改日程且进入审议程序。而这个受重视的原因又进一步说明了“拉布”的确与市民有着密切的联系，没有市民会去关注和讨论一项对自己而言无关紧要的立法或修法。2017 年 12 月 20 日至 2018 年 1 月 6 日的电话访问显示[①]（见表 2），选民对 2018 年立法会候选人的态度取向明显。统计的 2503 个有效样本中，40% 的受访选民表示会较注重候选人的政治取态，而表示关注候选人经济民生政策取态的则占 49%。香港市民最为重视的民生福利有赖于财政预算案的通过和拨款的落实，财政预算案包括领取综援、长者生活津贴、伤残津贴等多项扶贫助弱措施，立法会一旦出现“拉布”让这些预算案受挫，那些旨在改善民生的政策措施便举步维艰。这样的状况绝非市民所乐见。

① 香港研究协会，http://rahk.org/research/1558/1558newsX.pdf，2018 年 1 月 25 日。

表1　整体来说，你最重视以下哪一方面的本地议题？

类别	2017年6月21日至7月6日(%)	2017年12月7日至12月(%)	变化(个百分点)
政治	20	21	+1
经济	25	26	+1
社会民生	48	46	-2
其他/很难说/无意见	7	8	+1

注：香港研究协会，http://rahk.org/research/1548/1548chart.pdf，2018年1月25日。

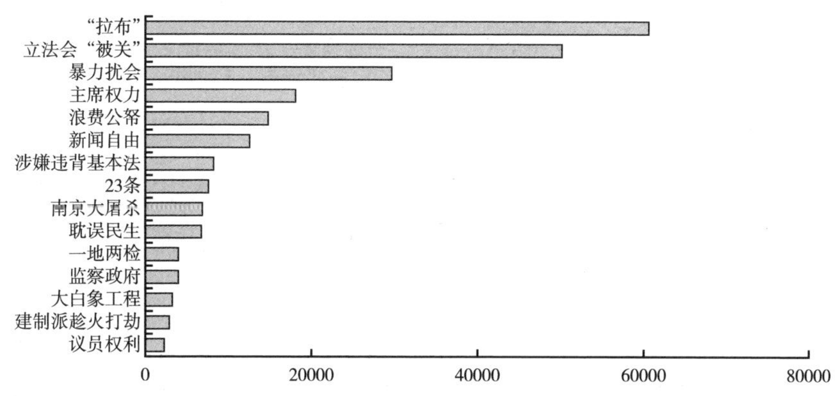

图1　2017年10月1日至12月18日争议议题关键词关注度

资料来源：中评社：《中评智库：香港立法会修改〈议事规则〉舆情》，http://wemedia.ifeng.com/43371062/wemedia.shtml，2018年1月25日。

表2　在选择投票取向时，你会较注重候选人的政治取态还是经济民生政策取态？

单位：%

	比例
政治取态	40
经济民生政策取态	49
不知道/很难说	8
无意见	3

注：香港研究协会，http://rahk.org/research/1558/1558chart.pdf，2018年1月25日。

从上述的民生经济方面，我们可以看出，“拉布”在民意支持上是行不通的。那么在选民所重视的候选人的政治取态方面，香港的民意又如何呢，是否对“拉布”分裂国家持支持或观望态度呢？根据对市民回归二十周年的意见调查报告，多数市民满意“一国两制”的落实，60%以上的市民盼2047年后香港维持“一国两制”。也就说，大多数香港市民对国家政治政策持积极拥护的态度，至少是不会赞同对抗国家和撕裂社会的行为。

表3 回归以来，你是否满意“一国两制·港人治港·高度自治”在香港的落实情况？

单位：%

态度	比例
非常满意	27
比较满意	18
一般	17
不太满意	14
完全不满意	21
很难说/无意见	3

注：香港研究协会，http://rahk.org/research/1512/1512chart.pdf，2018年1月25日。

表4 你认为香港回归50年后的前途应该是“一国一制”、“一国两制”还是自治独立？

类别	2016年4月28日至5月5日(%)	2017年6月15日至21日(%)	变化(个百分点)
“一国一制”	10	17	+7
“一国两制”	71	63	-8
自治独立	14	9	-5
其他	2	4	+2
很难说/无意见	3	6	+3

注：香港研究协会，http://rahk.org/research/1512/1512chart.pdf，2018年1月25日。

关于是否赞同修改《议事规则》的民意调查显示，在统计的2503份有效样本中，46%的受访选民表示赞成，40%的表示不赞成，即多数选民明确表示赞成修改《议事规则》以限制“拉布”(见表5)。总的来说，“拉布”议员选择与民意相悖的方式表达自己的政治诉求是得不到稳定长远发展的，是极为不理性的选择。

表5 你是否赞成修改立法会《议事规则》?

单位：%

类别	比例
赞成	46
不赞成	40
不知道/很难说	6
无意见	8

注：香港研究协会，http：//rahk. org/research/1558/1558chart. pdf，2018年1月25日。

(三) 法的价值之考量

“我们必须尊重有价值的东西，而且不这么做就是错的。”[①] 这是毋庸置疑的一个观点，同理，在法律领域，我们也必须尊重法的价值，违背就是错的。法的价值意义重大，功能多样，诚如学者所言，法的价值是法的制定的必需，是法的实施的需求，是防止法失效的屏障，是匡正恶法的准则，是法的演进的动因。[②] 法的价值本身的价值决定了它的重要性，一项法律规范的制定和修改，离不开对法的价值的考量。“拉布”的限制规范主要考虑如下两个方面。

一方面，言论自由和辩论自由不是绝对自由，而是相对自由。

① 〔英〕约瑟夫·拉兹：《价值、尊重和依系》，蔡蓁译，商务印书馆，2016。

② 卓泽渊：《论法的价值》，《中国法学》2000年第6期。

有学者认为，法律不应该也无法禁止思想自由，应给人的思想以绝对的自由。[①] 无论思想多坏，都只存在于抽象的思维层面，对社会不会造成实质性的影响，因此思想绝对自由这样的论断可以理解。但是，言论与辩论不等同于思想，它们是思想的表达方式，它们不仅仅是信息传递的一种手段，同时也是具有影响力、感染力的行为，它们存在煽动大众情绪的可能，也存在妨碍他人自由的可能。行为是法律规范调整的对象，任何行为都应当在法律规范内进行。自由是法律上的自由，自由是做法律许可的一切事情的权利。[②] 法律上的权利和义务是一致的，没有无义务的权利，也没有无权利的义务。我国《宪法》第 35 条规定，公民享有言论自由；同时，第 51 条规定，公民在行使自由和权利的时候，不得损害国家的、社会的、集体的利益和其他公民的合法的自由和权利。《基本法》第 77 条授予议员发言豁免权；同时，第 79 条规定，议员行为不检或违反誓言而经立法会出席会议的议员 2/3 通过谴责时，由立法会主席宣告其丧失立法会议员的资格。可见，议员所享有的言论自由和辩论自由是有限制的，不是无限权利。“拉布”议员以法律没有明文限制为由而在议会里无理取闹，是无稽之谈。

另一方面，秩序是法的基础价值，行使法律自由必须在法律秩序范围内进行。没有法律秩序的保障，法律运行将缺乏稳定、有序的条件，将无章可循，其他法律价值和功能都会因缺乏必要的保障而面临现实的威胁从而失去意义，最终的后果就是社会陷入无序状态。无视法律秩序的自由无异于践踏法律规则。立法会《议事规

① 〔荷〕斯宾诺莎：《神学政治论》，温锡增译，商务印书馆，1982。

② 〔法〕孟德斯鸠：《论法的精神（上卷）》，张雁深译，商务印书馆，1978。

则》设计的目的是通过辩论、发表不同意见、充分讨论与博弈，最终制定出兼具民主和科学的高质量法律。在这个过程中，经常存在两种破坏法律秩序的行为：其一是不作为，“哑巴”代表、“举手”代表、“老好人”代表汇集一堂，让法律审议走过场，这样缺乏辩论机制的议事会场即便是一片祥和，也与议事应有的秩序相悖；其二就是“拉布”行为，无休止地辩论、无休止地发言、无目的地大量提出修正案、随意地喊停会议算点人数、故意不进会场导致流会，以可见的方式干扰本应有序文明的议事进程，是对法律秩序的破坏。不管是过激的“拉布”行为还是不作为，都是超越了法律自由的范围，都不符合《议事规则》秩序的要求。

三　行政主导体制下限制“拉布”的举措

（一）《议事规则》第57条第（6）款

在2017年12月22日《议事规则》修订本生效之前，《基本法》第74条或《议事规则》第57条第（6）款被认为是限制“拉布”的防范措施，但是，这样的观点是有争议的。有论者认为[①]，依据《基本法》第74条的规定[②]，法律草案的提出有三种情况：涉及政府特殊政策的公共开支、政治制度和政府运行三种法案，只能由政府提出；涉及政府一般策略的法案，虽允许议员提出，但事先要得

① 参见宋小庄《香港特区立法会“拉布”和〈香港特别行政区基本法〉第74条实施的偏差》，《港澳基本法实施评论》2015年卷，2016。

② 《基本法》第74条规定：“香港特别行政区立法会议员根据本法规定并依照法定程序提出法律草案，凡不涉及公共开支或政治体制或政府运作者，可由立法会议员个别或联名提出。凡涉及政府政策者，在提出前必须得到行政长官的书面同意。”

到行政长官的书面同意；涉及政府政策以外的法案，可以由议员提出。虽然第 74 条对议员关于法案修正案的提案权没有做规定，但是，依据普通法的从属规则，修正案的提案权是法案提案权的附属权力，议员没有提出原案的权力，就没有提出相关修正案的权力。换言之，议员没有提出涉及政府特殊政策的公共开支、政治制度和政府运行这三种法案的权力，也就没有权力提出这三种法案的修正案。否则议员将有可能以修正案的方式对政府提出的原案化整为零进行全盘修改，将原案修改得体无完肤。据此，《基本法》第 74 条被视为防范“拉布”的措施。也有论者认为，《基本法》第 74 条对议员关于法案修正案的提案权没有做规定，说明议员的法案修正案提案权不受《基本法》第 74 条限制，即可以提出各类型的法律草案修正案，而《议事规则》（修订前）第 57 条第（6）款①却限制着议员动议的提出，“拉布”常见的方式包括法律草案修正案大量的提出，因此，《议事规则》（修订前）第 57 条第（6）项应视为限制“拉布”的一项举措。

根据《议事规则》（修订前）第 31 条第（1）款②、第 57 条第（6）款、第 69 条第（1）款③、第 69 条第（3）款④的规定，经行

① 《议事规则》（修订前）第 57 条第（6）款规定：“立法会主席或全体委员会主席如认为任何修正案的目的或效力可导致动用香港任何部分政府收入或其他公帑，或须由该等收入或公帑负担，则该修正案只可由以下人士提出（a）行政长官；或（b）获委派官员；或（c）任何议员，如行政长官书面同意该提案。”

② 《议事规则》（修订前）第 31 条第（1）款规定：“立法会主席或全体委员会主席如认为任何议案或修正案的目的或效力可导致动用香港任何部分政府收入或其他公帑，或须由该等收入或公帑负担，则该议案或修正案只可由以下人士提出（a）行政长官；或（b）获委派官员；或（c）任何议员，如行政长官书面同意该提案。”

③ 《议事规则》（修订前）第 69 条第（1）款规定：“全体委员会就拨款法案作出报告后，负责法案的官员须动议采纳根据本议事规则第 68（7）条（全体委员会处理拨款法案的程序）作出的报告。”

④ 《议事规则》（修订前）第 69 条第（3）款规定：“任何议员均可动议藉削减开支总目内子目的款额以削减该总目所获分配款额的修正案，动议格式如下：‘为削减（或删除）分目……子目……而将总目……削减……元’。”

政长官的同意，议员可以提出涉及公共开支的修正案。在实践中，议员也确实提过涉及公共开支的议案修正案，譬如2012年政府架构重组拨款申请在二读审议阶段，反对派提出了大量的法案修正案。这意味着要么是《议事规则》（修订前）第57条第（6）款及相关规定与《基本法》第74条相抵触，要么是不相抵触。这样的法律争议早在2006年梁国雄诉立法会主席的司法复核案中就已被提出。当时法院没有直接回答《议事规则》（修订前）第57条第（6）款是否符合《基本法》第74条的立意，而是参考英、美、加、澳、法各国议会的做法[①]，认为议员没有对涉及公共开支的议案提出修正案的权力。从2017年12月22日修订的《议事规则》来看，针对上述关于修正案提案权的四条法条，立法会对第69条[②]、第57条做了修订，其中第57条第（6）款，只对（d）项做了修订[③]，对议员关于公共开支的修正案提案权范围未做修改，只是进一步规范和限制了议员的修正案提案权的行使，也就是默示，第57条第（6）款与《基本法》第74条没有冲突，换句话说，如果的确有抵触或存在不妥，该条款在本次修订的过程中早该被提及。

第57条第（6）款没有违反《基本法》第74条在学理上论证得比

① 英、美、加、澳、法各国议会的做法：议会不能提出公共开支，只能审议公共开支，在立法程序中提公共开支修正案也是受限制的。凌友诗：《由香港特区立法会修正案提案权之行使看严峻的行政立法关系》，《港澳研究》2014年第4期。

② 《议事规则》（2017年12月22日版）第69条：“全体委员会就拨款法案作出报告的程序（1）全体委员会就拨款法案作出报告后，负责法案的官员须动议采纳根据本议事规则第68（7）条（全体委员会处理拨款法案的程序）作出的报告。（2）根据第（1）款提出的议案不容修正或辩论而须随即付诸表决。如该议案获通过，立法会即当作已命令将该法案进行三读，而会议纪要内须记录立法会作出此项命令；负责该法案的官员无须就三读作出预告。如议案遭否决，即不得就该法案再进行任何程序。”

③ 《议事规则》（修订前）第57条第（4）款第（d）项规定：“不可动议全体委员会主席认为琐屑无聊或无意义的修正案。”《议事规则》（2017年12月22日版）规定：“不可动议全体委员会主席认为琐屑无聊或无意义的修正案或由两项或以上修正案组成的系列修正案。”

较充分的是邹平学教授《抵触基本法还是符合基本法——评香港特区立法会〈议事规则〉第 57（6）条之定位》一文。首先，明确《议事规则》的性质地位，《议事规则》和立法会制定的其他法律一样，法律效力低于《基本法》，不得与《基本法》相抵触。其次，对比《基本法》第 74 条和《议事规则》（修订前）第 57 条第（6）款的字面含义，《基本法》第 74 条对议员提案的限制条件，只针对全案（整个法律草案），没有提及法案的修正案问题，《议事规则》（修订前）第 57 条第（6）款是针对议员如对法案提出修正案所附加的限制条件，没有提及全案的问题，从字面含义上看，《议事规则》（修订前）第 57 条第（6）款和《基本法》第 74 条不冲突。再次，从逻辑上推论，依据《基本法》第 75 条，立法会有权自行制定议事规则，根据法律的效力位阶，《基本法》是《议事规则》制定的根据。在没有违背《基本法》的内容和精神的前提下，在《基本法》没有其他条款就草案修正案提案权做出相反规定的情况下，《议事规则》就议员草案修正案提案权做出规定无可厚非。最后，从整个《基本法》设计的政制体制蕴含的原则和第 74 条的潜台词来看，第 74 条的立法目的是力图强化行政权力的同时保持权力制衡和配合。一方面，第 74 条规定议员以个人名义或联名自由提出的议案不得涉及公共开支或政治体制或政府运作，限定了这些政策的制定和执行主体，表明行政管理权限范围内的事项，立法机关不宜侵越；另一方面，第 74 条规定凡涉及政府政策者，议员可以提出议案，但在提出前必须得到行政长官的书面同意，这样的规定意在避免立法会在通过该法案后，行政长官拒不签署的情况。事先征得行政长官的书面同意，可以有效地避免行政和立法之间的尖锐冲突。回头看《议事规则》（修订前）第 57 条第（6）款的内涵，立法会议员如果就已议的法律草案所提出的修订牵涉到公共开支，必须获得行政长官的书面同意，也是旨在保持行政机关与立法机关相互制衡、相互配合。

由以上推理可知，《议事规则》（修订前）第57条第（6）款没有违反《基本法》，也没有因此削弱行政权，反而对“拉布”有防范作用，切合《基本法》第74条的立法目的，也符合《基本法》关于政制体制的架构设计原则和精神。[①]

（二）立法会主席的“剪布”

2012年《立法会议席出缺安排议案》“拉布”战，立法会主席曾钰成首次援引《议事规则》第92条暂停会议，宣布休会；《2013年拨款条例草案》《2014年拨款条例草案》《2015年至2016年度香港政府财政预算案》“拉布”战，曾钰成引用《基本法》第72条和《议事规则》第92条[②]果断“剪布”。对此，有论者认为，依据引用的法条，没法看出“剪布”权是法定职权，“法无授权不可为”是国家公权力行使必须遵循的原则，“剪布”权至多是事实上的权力，并不是法律上的权力。[③] 由此，“剪布”权的合法性受到了质疑。

2012年5月，梁国雄就曾钰成的“剪布”举措向香港高等法院提出司法复核申请，认为在《立法会议席出缺安排议案》审议辩论阶段，立法会主席中止辩论，阻碍了他们辩论权的行使，是违宪行

---

① 邹平学：《抵触基本法还是符合基本法——评香港特区立法会〈议事规则〉第57（6）条之定位》，《法学》2007年第5期，第7～17页。

② 《基本法》第72条规定“香港特别行政区立法会主席行使下列职权：（一）主持会议；……”《议事规则》第92条规定：“议事规则未有规定的程序：对于本议事规则内未有作出规定的事宜，立法会所须遵循的方式及程序由立法会主席决定；如立法会主席认为适合，可参照其他立法机关的惯例及程序处理。”

③ 王博闻：《“拉布”战与“剪布”权——论香港立法会主席的扩权及其影响》，《“一国两制”研究》2015年第4期。

为。对此诉求，高等法院原讼庭以“辩论发言不是立法会议员的宪法权利”[①]、“立法会主席的限制是合理的”和“司法机构不宜在议事阶段介入议会范围内的事务”为由驳回申请。梁国雄上诉，终审法院的判决表明，立法会主席的确拥有终结辩论的权力[②]，司法机构不能对立法会主席该权力的行使方式做出判断，最终一致裁定梁国雄败诉。由此可知，司法权威的观点是，立法会主席的“剪布”权不仅仅是事实上的权力，也是法定权力，本文也是如此认为。根据《基本法》第 66 条至第 79 条、《立法会行政管理委员会条例》（第 443 章）、《立法会（权力及特权）条例》（第 382 章）及《议事规则》，立法会主席担当的角色包括但不限于以下的列举：其一，决定会议的日期及时间，可随时更改会议日期或时间、将会议暂停，或宣布休会待续；其二，主持立法会会议，并确保会议运作畅顺；其三，维持秩序和确保议员行为得体，如发觉有议员在辩论中不断提出无关的事宜，或冗赘烦厌地重提本身或其他议员的论点，可指示该议员不得继续发言，如议员行为极不检点，可命令其立即退席，不得继续参与立法会的该次会议。[③] 从法律对立法会主席的角色职责的安排来看，立法

① 梁国雄诉香港特别行政区立法会主席案判决写道：《基本法》第 73 条规定的立法会行使“根据本法规定并依照法定程序制定、修改和废除法律”的职权，不是立法会议员的宪法权利，而是属于议会的集体职权。Leung Kwok Hung v. The President of the Legislative Council of the Hong Kong Special Administrative Region，http：//www. hk - lawyer. org/content/leung - kwok - hung - v - president - legislative - council，2018 年 2 月 1 日。

② 梁国雄诉香港特别行政区立法会主席案判决写道：立法会主席“对辩论设定限制和终结辩论”的权力，固有或附带于立法会主席在《基本法》第 72 条下“主持会议”的权力。Leung Kwok Hung v The President of the Legislative Council of the Hong Kong Special Administrative Region，FACV No. 1 of 2014，http：//legalref. judiciary. hk/lrs/common/search/search_ result_ detail_ frame. jsp? DIS = 96088&QS = % 2B&TP = JU&ILAN = en，2018 年 2 月 1 日。

③ https：//www. legco. gov. hk/yr14 - 15/chinese/counmtg/papers/cm20150708cb4 - 1263 - c. pdf. ，2018 年 2 月 1 日。

会主席相当于体育竞赛中的裁判员，对犯规的行为当然是有资格宣布暂停或中止会议。

立法会主席终结辩论权可以说是限制“拉布”的一项非常有效的举措，而对此，有论者出于对行政主导体制的考虑，担心“剪布”权的行使会产生一些消极影响[①]；认为辩论终结权力实为否定性议程设置权，至少有两种滥用的情形：第一种，立法会主席利用该项权力，允许冗长辩论，使得议案反复辩论，压制议会中多数意见、迫使行政分支妥协或者否决行政分支的要求。第二种，立法会主席利用该项权力，在辩论充分展开之前不适时地中止辩论，在议案尚未完全讨论的情况下交付表决，使得立法会少数派获利。这两种情形有可能否决反对派的议案，也有可能否定政府的议案，它们的区分标准取决于立法会主席个人的政治态度。如果上述讨论发生，立法会主席职位的重要性将得以增强。缘于这种消极影响，各党派对立法会主席职位的竞争将会变得激烈，立法会内部派别的差异也将进一步加大。依据法律，立法会主席由立法会议员互选产生，且提名阶段没有限制，采取的还是简单多数表决的方式。[②] 议员很有可能为了本政党的利益，力争让本党派人士顺利当选立法会主席，不再考虑立法会整体的运作。内部派别差异的加大，将加速立法会不应有的扩权趋势，从而削弱行政权，阻碍行政主导体制的

① 王博闻：《“拉布”战与“剪布”权——论香港立法会主席的扩权及其影响》，《“一国两制”研究》2015 年第 4 期。

② 《基本法》第 71 条：“香港特别行政区立法会主席由立法会议员互选产生。”立法会《议事规则》第 4 条：“（1）在符合第（2）款的规定下，立法会主席由立法会议员按照附表 1 的规定互选产生。（2）立法会主席由年满 40 周岁，在香港通常居住连续满 20 年并在外国无居留权的香港特别行政区永久性居民中的中国公民担任。”《附表 1 选举立法会主席的程序》，http：//sc. legco. gov. hk/sc/www. legco. gov. hk/general/chinese/procedur/content/parto. htm，2018 年 2 月 1 日。

发展。

然而，上述论者假设滥用“剪布”权的情形在香港现行政体内基本是不可能的。一般情况下，多数派的表决可以奏效时不会出现“拉布”，只有少数派在没有否决的力量时，才会选择“拉布”。假使立法会主席滥用辩论终结权力，出现上述两种情况，结果都是少数派议员得逞，这意味着有可能滥用这项权力的主席来自少数派议员或者基于少数派的政治立场。而在香港，基于少数派立场的议员当选立法会主席的概率几乎为零。着眼香港政治现实语境，坚持“拉布”的少数派基本是来自反对派或者是泛民主派，他们有个共同点，就是国家认同缺失，基本不符合港人治港的界线和标准。[①] 也就是说，这样的少数派出现在立法会是不大可能的，或者即使有也是不允许占据多数席位，那么由少数派议员当选立法会主席的可能性就更为渺小。从香港历届立法会主席的身份背景可见一斑，范徐丽泰是来自建制派的议员，曾钰成是来自民建联的议员，梁君彦是来自功能组别（工业界）的议员。简言之，在“一国两制”宪制框架下，立法会主席政治立场出现偏颇的可能性不大。此外，“剪布”权不是一项不受任何限制的权力。立法会主席一切职权职责的履行都必须以《议事规则》等法律法规为准则，滥用“剪布”权的法律空间不大。既然上文论证担忧的第一个消极影响不成立，那么，后两个消极影响自然也很难成立。

（三）新修立法会《议事规则》

2017 年 12 月 15 日，《议事规则》修订表决获通过，2017 年

---

① 港人治港必须由以爱国者为主体的港人来治理香港，爱国者的标准是，尊重自己的民族，诚心诚意拥护祖国恢复行使对香港的主权，不损害香港的繁荣和稳定。

12月22日正式生效。[①] 这次《议事规则》的完善历经了“拉布”的百般阻挠（前文已作详述，在此不再赘述），来之不易。值得一提的是，审议《议事规则》修正案的过程中，有议员对修订的某些内容提出质疑，甚至申言入禀高等法院申请司法复核。他们认为，修订内容“将全体委员会法定人数由35人降至20人”违反了《基本法》。[②] 虽然这是无稽之谈，但是作为审议的争议焦点，还是很有必要在理论上予以论证，免得往后反对派继续以此为由无理取闹。《基本法》第75条规定，立法会举行会议的法定人数为不少于全体议员的1/2。而香港立法会有两种形式：一种是立法会大会，一种是立法会委员会，如果第75条规定的立法会包括立法会委员会，那么现在香港全部的委员会的召开都不符合法律要求（目前，香港召开委员会会议的法定人数没有以1/2为标准），依照当然解释，第75条所规定的立法会仅指立法会大会，不包括委员会。全体委员会是委员会之一，则全体委员会举行会议的法定人数不受第75条约束。《议事规则》修订之前，全体委员会会议的法定人数和立法会大会一样都是35人（全体议员的1/2），这仅仅是立法会基于当时的立法需求而做出的规定，并不是为了遵循《基本法》的这项要求。因此，此项修订内容不存在违反《基本法》的问题。反对派的异议是不成立的，纯属为了反对而反对，

---

① 《议事规则》的修订一般需要经过三个步骤：首先，修订案由议事规则委员会讨论通过；然后，交由内务委员会讨论，以内务委员会的名义向立法会大会提出；最后，在立法会大会上，地区直选议员与功能界别议员各自投票表决，两组都超过半数，才算最终通过。参见新华网《解决“拉布”顽疾　香港立法会修改议事规则提上议程》，http://www.xinhuanet.com/gangao/2017-12/11/c_129762636.htm，2018年1月20日。

② 《香港特别行政区立法会议事规则修订纪录》，https://www.legco.gov.hk/records-of-amendments-to-rules-of-procedure/documents/rop79c-records-of-amendments-ec.pdf，2018年1月23日。

缺乏法律和道德依据。

完善《议事规则》，旨在提供更加科学的议事程序，确保议员能够在会议时间专注于履行其立法会议员的职责，保证立法会能够顺畅运行。主要表现为：其一，修订《议事规则》之后，立法会主席有选择修正案的权力，以及合并修正案的权力，如果有类似的修正案，可以合并处理。[①] 这样，议员可以节省许多时间，致力于立法会的其他工作安排，为市民提供更多实质性的服务。其二，增设立法会主席可以随时命令复会的条款，立法会主席有权于会后随时召开会议，继续处理之前未处理完的事，星期三流会，可能星期四就可以复会，不用浪费立法会的会议时间[②]，而按照之前的议事规则，如果流会，当期议题需要延迟到立法会的下一个会期，即下个星期三才能继续讨论，这样会影响到议会的正常工作安排，从而影响到议会的工作效率及行政的施政效率。其三，立法会全体委员会阶段的法定人数降至 20 人，减少流会发生的概率，确保议会议事顺利进展[③]。这次《议事规则》的完善，有望让“拉布”和滥用议事规则的情况得到控制，立法会逐渐恢复到一个较为正常的状态，充分有效地履行它的宪制职能和社会责任。

---

① 《议事规则》第 57 条第（4）款第（d）项法案的修正案限制，由“不可动议全体委员会主席认为琐屑无聊或无意义的修正案”改为“不可动议全体委员会主席认为琐屑无聊或无意义的修正案或由两项或以上修正案组成的系列修正案”。

② 增设第 17 条第（6）款“立法会主席可召开会议，以完成在任何一天因会议不足法定人数根据第（2）或（3）款休会待续而在议程上出现的未完事项。如立法会主席认为必须召开这会议，则根据第（2）或第（3）款规定而休会待续的立法会会议，须当作是被命令暂停的会议，可按本议事规则第 14（4）条（会议日期及时间）的规定，于立法会主席命令的时间或日期复会继续处理有关事项”。

③ 第 17 条会议法定人数的修改，由“立法会及全体委员会的会议法定人数不少于全体议员的二分之一”改为“（1）立法会会议法定人数为不少于全体议员的二分之一，包括立法会主席在内。（1A）立法会全体委员会的会议法定人数为包括主席在内的 20 名委员”。

当然，法律效力不等同于法律实效，《议事规则》最重要的作用是规范和指示，规则在立法会运行中实施效果的好坏取决于议员遵守规则的程度，只有议员严格遵守程序性规定，按照《议事规则》完成立法会工作，《议事规则》的约束力才能得到发挥，法律才能实现从应然状态转向实然状态。如果议员挑战法律权威，执意不遵守《议事规则》，那么“拉布”现象将依旧，立法会的工作将依然很难展开。在短期内，新修《议事规则》的法律效用难以得到很好的发挥，反对派议员还在试图挣脱这些规则的管束，甚至企图营造一种“你改也没用，我们照样‘拉布’”的氛围。2018 年 5 月《国歌法》本地立法工作公听会及 2018 年 6 月高铁“一地两检”本地立法方案在审议阶段就均再次遭遇严重的“拉布”。不过，从长远来看，“拉布”行为将会得到适度的控制。一项规则为什么得到遵循，除了它本身是良法值得遵守及适用者主动守法外，还有一个很重要的原因就是法律规则背后的国家强制力，正是这个威胁的存在，让大多数适用者不管是出于何种心态都选择行为上守法。逐渐完善的议事程序，有理有据，也将使得反对派议员遵循《议事规则》开展议会工作的可能性得到大大提高。

结　语

受港英政府统治一百多年的香港，在政治、经济、文化各方面都深受英国及其他西方国家的影响，尽管回归了 20 多年，香港社会依旧留有西方社会的痕迹，香港市民的思想意识和价值态度依然存在西化的趋向，更有部分港人严重缺乏国家认同感，他们割裂“一国两制”与香港民主政治的联系，甚至主张港独，他们热衷于开展各种社会运动，阻碍政府施政，致使政府推行的一些重大议案最后不是中途夭折，就是被立法会否决。[①] 诸多社会政治问题阻碍着香港民主化和政治体制改革的进展，造成了香港民主政治发展的二元张力结构，致使香港行政主导体制一直停留在文本层面。“拉布”现象是香港政治问题的一个缩影，限制“拉布”现象则是解决香港政治体制改革所面对的困境的一个经验，本文在法理基础上对限制“拉布”的论证思路也可以用以论证限制妨碍香港政治体制改革的其他因素。

The Legal Foundation and Practice Approaches of the Restriction of Filibuster by the Legislative Council of Hong Kong

Deng Weiping, Li Shaosu

Abstract: The restriction of filibuster of the Hong Kong Legislative Council has always been in controversy. From historical perspective, filibuster is the product of the development of Hong Kong's democratic political system. This paper focuses on the legal foundation and practice approaches of the restriction of filibuster. In order to demonstrate the legitimacy of the Restriction of Filibuster and related specific systems, the author not only analyzes the historical origins, legal basis, specific

① 譬如，2003 年，50 万市民因反对《基本法》第 23 条立法而上街进行大游行；2007 年，皇后码头拆迁遭遇多人集体静坐以示抗议；2014 年，因反对“8 · 31”声明爆发“占领中环”事件。

manifestations and harms of filibuster of the Hong Kong Legislative Council, but also responds to the challenges of the governance measures in the course of practice, such as restricted motions, the right to end the debate, the revision of the rules the procedure.

Keywords: Hong Kong Legislative Council, Limit the Filibuster, Legal Basis, Executive-led

香港知识精英的群体属性及政治行为研究*

谢素军**

摘　要：香港知识精英在政治变革的进程中充当了重要的前哨角色，他们在知识资源上既专业又垄断，因作为利益共同体而认同度高，但这种认同具有明显的有限性。他们对政治的态度既具依附性又充满不确定性。面对香港逐渐脱离西方政治体系的现实境遇，他们依然大力推崇自由主义的符号象征，设计政治事件和暴力事件，并通过垄断的平台控制和引导舆论，虚构未来，给香港未来发展带来了新的不确定因素。针对香港严峻的政治生态，国家在推动香港发展的政策中可以在知识资源、精英队列、民众福祉和行政法制等维度予以积极的回应。

关键词：知识精英　香港　政治变革　意识形态

---

* 本文系2018年国家社科基金项目“增强港澳青年国家认同的实施机制研究”（编号：18CKS048）阶段性成果。

** 谢素军，广州穗港澳青少年研究所研究中心主任，香港树仁大学特约研究员，博士，主要研究方向为青少年发展、政治哲学。

基于历史、地缘、政治等综合性因素，香港在近十年乃至百年来可以说一直处于两种状态：一是正在推动政治变革；二是等待和酝酿着政治变革。而在这种特殊的政治演绎进程中，不可忽略的一个群体可谓知识精英，他们“大隐隐于市”，遍布于各行各业，往往很难被系统地归于某个团体，且其巨大的引导力和推动力常常被忽略。当前，香港政局虽然在党中央强有力的领导下趋于稳定，但稳中带动，各方势力竞相角逐，意欲围绕政治变革在社会、经济、文化等多个层面攫取利益，在这一复杂的背景下，从政治行为角度看，香港知识精英呈现出什么样的属性特征？他们充当了什么角色？如何去解读这些角色的意义？本文将予以分析。

一　知识精英的概念辨析及文献评述

（一）知识分子的定义

从内涵来说，首先得理解什么是知识分子。知识分子是指掌握的知识技能是某个领域内能够解决专业性问题以及一系列作为专业性壁垒的符号和话语体系的群体[①]。通过专业性的符号，可以比较明晰地区分圈内人与局外人，且知识分子在经济、组织和心理上具有依附性，并因其自身利益需求不同，在所处的环境中具有极大的流动性及不确定性[②]。知识分子具有历史的特征和时代的烙印，对其必须用历史辩证法的眼光去看待。香港知识分子在近代及之前主

① 郑也夫：《知识分子研究》，中国青年出版社，2004，第107页。

② 涂晓霞：《理性的反思：对公共知识分子的应然态度》，《社会科学论坛》2006年第12期，第26~34页。

要归于中原文化所主导的“士大夫”层面，具有明显的阶级性和贵族特征，到近代之后，由于外来文化的入侵，“西学东渐”及殖民文化逐渐占据主流，知识分子开始进入学而优的序列，但阶级的分化或者说垄断性依然存在①。

（二）知识精英的定义

知识精英这一概念是在知识分子的概念上衍生而来的。它指的是在知识分子群体中那些掌握了更多的与实现价值分配职能相关的权力资源交换和互动的技能，并渴望因此获得更多价值（收入、尊重、安全等）的成员②。事实上，所谓知识分子问题的核心本质就是对知识精英的社会评价问题。对知识分子社会角色的定位、社会功能和群体属性的归纳，乃至于对知识分子所谓“批判性”丧失问题的探讨，都是围绕着对知识分子群体中少数精英的研究展开的。当前，香港的知识精英主要分布于政府、高校、媒体机构等重要机构，以及文艺、娱乐和自由职业等领域，他们大多数掌握核心的资源和话语权，并以积极的姿态通过或明或暗的方式参政议政，但他们的政治主张充满着不确定性。

（三）关于知识精英研究的文献评述

关于知识分子的研究，无论是西方文艺复兴以来对知识分子的崇拜、颠覆及重构，还是国内从“士大夫”到现代知识分

---

① 陈家琪：《知识分子与公共空间》，《浙江学刊》2004 第 4 期，第 59 ~ 66 页。

② 郑也夫：《知识分子研究》，中国青年出版社，2004，第 107 页。

子转变的讨论；无论是文艺大众作品还是基于定量和定性分析的深度社科研究，知识精英都是一个核心议题。但基于本文讨论的内容只是知识精英在政治变革进程中的一个横切面，主要的研究可以从以下方面进行概述：国外学者偏向于将知识分子参与政治变革的研究融入现代化理论当中，并运用系统理论工具展开对知识分子的定性分析；或者从政治学的一些基本概念出发，探讨知识分子与政治文化、知识分子与政治权力，尤其是在后现代社会中知识分子如何参与政治变革，如何影响政治变革方向的问题；同时，一些从精英主义视角研究政治变革的学者也在探讨政治变革尤其是民主化浪潮中知识精英的独特作用。而国内学者偏向于从政治思想史的角度入手，以一种反思的态度，回溯了近代以来政治变革过程中中国知识分子的地位、作用等各方面，尤其是精神世界领域内的变迁，探讨了知识分子与各种政治变革思潮，尤其是与激进主义变革思潮的关系问题；或从社会分层的视角出发研究了知识分子在不同历史时期的政治变革中社会地位的变化，提出了重新确定变革后知识分子社会定位的问题。还有学者从社会转型的视角，阐述了知识分子与政治变革，特别是政治革命之间的关系。关于香港知识精英的研究，尤其是基于政治关系的相关研究目前较少，一方面是由于香港作为中国的特别行政区，香港知识精英群体比较小众，难以在宏观的研究体系中得到关注；另一方面是因为研究人员难以便捷地开展实地研究，对相关数据知之甚少，难以开展系统的研究分析。但事实上，香港的重要性越来越凸显，香港知识精英群体充当的角色也越来越重要，对于香港知识精英的研究已经成为迫切的选择。

二 香港知识精英的群体属性

（一）构筑专业化壁垒的知识垄断层

任剑涛在论述知识精英的时候，强调他们善用语言和如何通过语言介入两个不可或缺的特征，并认为知识精英具有有限规模，多大程度上控制知识资源决定了这一阶层的控制力和规模大小[①]。香港知识精英的现实状况也的确如此，广州市青年研究会联合香港基督教青年联合会开展的一项调研[②]显示，青年群体通往社会顶层的渠道，或者说打破阶层的渠道正在变得越来越狭窄，这种窄化一方面体现在资源的有限上，优质的教育资源并不能满足庞大的来自包括香港青年群体在内的全球青年群体的需求；另一方面则是底层社会对社会发展的认知本身限制了其往上流动的空间，所谓“龙生龙，凤生凤”的代际传承仍然比较严重。最后，以知识为阶梯的社会意识不再占据主流，西方乃至日韩的非主流文化对新的青年群体影响巨大，梦想一夜成名、欲走捷径的人不在少数。这种窄化带来的危害是显而易见的，正如莫斯卡所言，无论是有意识的还是无意识的，特权等级往往垄断学问，他们阻碍那些能够使人们获取知识变得可能且轻而易举的方法和程序的传播[③]。今天的香港，这种可能是人为设置的阻碍的一个重要组成部分，即所谓“专业化”的壁垒。

---

① 任剑涛：《价值隐匿与知识扭曲：留美政治学博士对民主的拒斥》，http://m.aisixiang.com/data/51718-2.html；最后访问日期：2019 年 1 月 8 日。

② 该项研究系广州市青年研究会与香港基督教青年联合会于 2016 年 4 月至 2017 年 3 月合作开展的一项青年发展现状课题调研，本文部分论述基于此次调研数据。

③ 莫斯卡：《政治科学要义》，上海世纪出版集团，2005，第 94 页。

（二）有限认同的利益共同体

尽管香港知识精英并没有集中性特征，但他们在精英共性上有着强烈的认识和自觉，在心理归宿和共同利益的认可及维护程度上远远超过非知识精英群体。但这种身份认同具有明显的有限性，并不代表知识精英在信仰和价值体系上彼此一致，相反，在不同的领域及事件中，知识精英群体往往持不同意见且相互间会发生巨大分歧。事实上，知识精英的身份认同更多体现在当大众群体或者另一精英群体向他们发起挑战，精英群体的集体利益受到威胁的时候，这种情况下大多数精英群体会迅速抛却价值上尤其是政治上的成见，转而走向精英联合体，对非精英群体实施压制。值得注意的是精英群体并非牢不可破，在历史的推进过程中，政治变革的手段使得精英成分的更新从未停止。传统的技术让位于新生的技术，传统的政治体系被新生的政治体系取代，掌握新技术和新政治资源的阶层替换了原有的精英群体，尤其是在互联网迅速发展的今天，知识共享已经成为大势所趋，知识更新和技术变革的周期也越来越短，阶层的突破和替代也变得更有可能。这恰恰是社会政治生活的规律和本质，至于垄断了知识资源的阶层打着什么旗号则并不重要。

（三）依附政治资源的摇摆力量

知识精英的另一个突出特征在于他们会和政治力量“亲密接触”甚至直接成为政治体系的一员，他们能够在发展的过程中获得多少资源很大程度上取决于他们和政治力量的亲密程度①。但政

① 陈占彪：《“说”还是“不说”——当代知识分子公共言说之窘》，《民主与科学》2006年第3期，第39～41页。

治力量除了与知识精英紧密结合之外，往往还体现得更加强势，其所能掌控的资源往往使知识精英主动加以依附。就香港知识精英的发展现状看，知识精英一方面在体制上服从或服务于政治体，当然，前提是这个政治体在政策、资源等方面向知识精英倾斜；另一方面，香港知识精英具有强烈的反体制意识，当不满足于利益分配时，更多选择向反体制力量提供源源不断的资源，他们对自己的价值和信仰只是有限的忠诚。近年来香港政局不稳定的一个重要原因就在于部分知识精英与内部的和外部的反体制力量勾结在一起，随时准备颠覆既有政治体系。所以说，知识精英对政治力量有依附性，这种依附同时具有不确定性，知识精英会因为内在和外在的诉求出现变化而发生转向甚至倒戈。基于服务的依附与因为不合作产生的不确定性就像一个硬币的两面，任何一面都不容忽视。

三　香港知识精英的政治行为

知识精英堪称整个精英集团的哨兵和协调员，其之于整个精英联合统治体系，有着不可替代的地位和作用，尤其是在政治变革的酝酿期和推动期，知识精英面临着关键的路径选择和方法论问题。纵观近年来香港政治生态，知识精英的行为可圈可点，一定程度上印证了昨天的历史事实，也预示着明日发展的规律，值得警惕。

（一）推崇自由主义象征

任何精英都以共同命运的象征作为旗号来为自己辩护和维护自己的利益。这些象征就是现行制度的“意识形态”。香港知识精英最核心的象征符号就是自由主义，以西方自由、民主、平等的思想绑架香港民众的选择，尤其是青年一代对未来的选择，这是极具杀伤力的符号，群众对这一符号推崇备至，并将这一符号与回归后的香港命运在想象中做出比较，认为香港终将发展成为一座失去自由的城市，民众终将失去现在拥有的自由及因为自由才拥有的一切。毫无疑问，这种借助自由主义的空想或者假设来妄自揣测和断定另一种可能的行为，实质上是“打着集体利益的旗号，把私人动机转移到公共事物上面”。朱利安对自由主义这一符号象征做了系统的诠释，主要包括两个维度：一是通过这个符号凝聚了一大批知识精英，并树立了坚定的信心，以实现在往后的行动中“因名正而言顺，因言顺而事成”。无论是真正笃信还是掩耳盗铃，这一批知识精英都骑在了相信自己的事业是正义的事业的老虎之上难以下台。二是边缘化和妖魔化利益相关方，通过知识精英垄断的平台传播对手的黑暗面，尽管这种黑暗面可能只是一个很小的影子或者根本并不存在，目的只是让群众先入为主地认为这是事实[①]。一部分知识精英至今为止仍然在抹黑中国共产党及中华文明，不愿意承认香港作为中国特别行政区的事实，通过网络、媒体等各类平台全面讨伐，他们在没有硝烟的战场上始终站在第一线。所以说，任何政治变革的开始都是从两个集团的知识精英之间的战争开始的，而自由主义的旗帜明显已经成为香港的一面被改造、被利用、被修饰的伪旗。

在注意到反体制的知识精英创造和运用象征达到特定政治目的这一点的同时，我们也不应当忽略硬币的另一面，即就统治精英阵营而言，他们的知识精英在创造和运用象征的过程中，必须处理好

---

① 〔法〕朱利安·班达：《知识分子的背叛》，佘碧平译，上海世纪出版集团，2005，第212页。

这些象征本身的存续要求与精英集团利益需求之间的关系，这种关系处理的好坏，将直接影响到知识精英在政治变革中创造和运用象征的成效。任何现行制度都具有一种占统治地位的神话（意识形态），但是要保护一种对象征的垄断权却不像保护一种对物资和暴力的垄断权那样容易。[①]

（二）设计暴力方式方向

在一些人看来，暴力在技术层面上完全是非理性的选择。相对于协商、谈判，暴力这个激烈得多的字眼所引发的往往是一些令人不快的联想。而相对于妥协、双赢，暴力的破坏性作用更令人闻之色变。但无论主观感受如何，我们都无法回避这样一个事实，即与和平方式一样，暴力在政治变革中的地位是不可替代的，而且，运用暴力的政治变革的发生要比运用和平手段的政治变革需要更少的条件，也常能达到更迅速、更彻底的效果。[②] 孤立的暴力事件是一种带有极大偶然性的、非理性支配的政治现象，但完整的暴力序列则是一个带有极大必然性的、理性支配下的政治过程。孤立地看每一个暴力事件，可能会给人以流血是完全不必要和荒唐的印象，但从整个政治系统发展的完整过程来看，后一种必要的、理性的暴力又是不能脱离前一种看似不必要的、非理性的暴力而独立存在的。同时，我们更不应该忽视，大多数政治变革中的暴力从本质上讲是理性的，暴力的方向是被人为引导控制的。左高山就曾一针见血地指出，

---

① 杨亭：《中国知识分子在后现代性语境中的文化空间》，《山西师大学报》（社会科学版）2006年第6期，第77~79页。

② 左高山：《论“暴力”的意蕴》，《中南大学学报》（社会科学版）2005年第3期，第277~283页。

显然，把暴力作为一种权势工具加以合理使用有赖于把暴力行为作为全局中的一个方面来看待并对它做出清醒的估价。把暴力作为一种全面毁灭性工具的情况是很少的。暴力只是达到某种目的的一种手段，而不是目的本身[①]。香港知识精英在推动暴力发生的过程中同样充当了重要的角色，一方面，他们必须告诉暴力工具的拥有者和使用者：恐怖必须是迅速而又冷酷无情的。只有毫不延误地消灭某些敌人才能使反对者陷于瘫痪，才能在以后拯救许多人的生命[②]，以使他们在使用自己手中的武器时不至于优柔寡断、畏首畏尾。另一方面，他们又同时传达这样一个信息：在一个可能性受到限制的世界中，很少有绝对的暴力行为。暴力只是在正在发展着的形势下为达到某些目的而使用的一种方法[③]，以使己方阵营成员适时注意控制暴力使用的限度，避免成为自己工具的牺牲品。知识精英对暴力的认识，在表面上反映为对暴力、对流血革命的反思和拒斥，但实质上却印证了他们高度的政治理性。在出现了暴力的政治变革中，这一特征表现得尤为明显。

（三）控制舆论虚构未来

香港长期受资本主义体制影响，不管承认与否，西方长期构建的利益集团应然也实然地成为民众关注的焦点，这个利益集团聚合了政治、经济、文化等社会各核心战线的资源，当回归及政治一体

---

① 左高山：《论拉斯韦尔的精英理论》，《中南大学学报》（社会科学版）2004 年第 10 期，第 559～563 页。

② 左高山：《论拉斯韦尔的精英理论》，《中南大学学报》（社会科学版）2004 年第 10 期，第 559～563 页。

③ 左高山：《论“暴力”的意蕴》，《中南大学学报》（社会科学版）2005 年第 3 期，第 277～283 页。

化成为大势所趋，当他们的利益受到可能的威胁时，他们的攻击便悄然开始，向新的政治体制挑战，向中共中央叫板并控制舆论方向成为他们的救命稻草。而这种攻击要想达到最佳的效果，由与西方亲密结合的利益集团亲自出马显然不是明智之举，因此，对一个具有一定的公信力和话语权、能给人留下他们发出的是“社会公正的声音”的中介阶层的需要也就应运而生了。很显然，最适合这个“价值中立”形象的莫过于知识精英阶层了。通过明确政治责任，这些头上带着“公共”光环的精英分子将把大众的不满引离自己所属的阶级阶层和利益集团，引向自己现实的敌人或者潜在的对手。

而基于香港已经成为中国不可分割的一部分的现实，原有的利益集团唯一的选择便是通过对新的价值分配体制的合法性提出质疑，并在对现存的物资掌控分配体制大加挞伐的基础上许诺建立一套新的物资掌控分配体制。值得注意的是，在许下这种诺言之前，反体制精英充分地考虑到推翻政权后可能面临的多方面困难，这些困难往往影响到建立新体制的可能性。砸碎眼前的锅碗瓢盆另起炉灶的许诺是一柄双刃剑，在激情澎湃的革命时期，它可能会成为强力的助推剂，而在社会变革的汹涌波涛已经过去，理性计算重新占据上风之时，它又可能给那些准备不足的新精英们的统治合法性带来致命的威胁。这种威胁的程度与许诺和原体制之间的差值成正比，与新体制和原体制之间的差值成反比；因此，理智的、具有长远眼光的新精英就有必要慎重地把握许诺的程度，既要使其不至于弱到不能唤起大众任何推翻现存体制的欲望，又不至于强到在将来有使自己沦为骗子的危险，显然，完成这一复杂的理性设计工作又成为知识精英义不容辞的责任。

四 香港知识精英重构的路径方向

很显然，香港知识精英的政治认识存在误区，政治选择极其危险，政治前景正在变得黯然无光。但正如前文所言，知识精英具有不确定性，所以，这种生态并非一成不变，在不断地演绎和博弈过程中，对知识精英的洗涤和重构可以成为可能，基于中国政治发展的逻辑和社会现实，可以做一些积极的假设。

（一）解构和重组固化的知识体系

既然知识精英的主体优势在于对知识资源的垄断，那么作为更大范畴的中国知识精英群体应该认真研究香港的社会、历史和文化，分析香港知识精英的流派和价值体系，对其所倡导的认知、文化核心进行解剖、分类和归纳，将有益的内涵提炼出来，对逆于正向发展的知识文化进行深入研究并寻找对策。一方面，以香港延续的中华文明为切入点，促进香港文化融入大的中华文明圈，强化融合一体；另一方面，对香港不合时宜的知识体系和价值体系进行解构，以新中国的知识体系和价值体系取而代之。最后，积极地激发香港知识精英流派之间的固有矛盾，以寻找更大的知识介入空间也是一项可参考的选择。在具体的措施上则包括加强官方或民间的文化交流，加强对教育体系和宣传体系的元素介入，加强对日常习俗，尤其是广东地区、潮汕地区民俗的正确引导，甚至加强对宗教信仰的有效引导，加强对违背《基本法》、基本道德的语言和行为的征伐等。或许这种改变短时间内并不能产生明显的效果，但从长远看，知识和文化的潜移默化往往是最具革命性的手段和方法，用知识向知识挑战，这本身就是唤醒民众的一剂良药。

（二）孵化和输入正向知识精英群体

知识的输出需要一个载体即精英群体，香港知识精英的总体走向不言而喻，从当前的政治生态发展中并不能看见更多积极的信号，尤其是根据对穗港澳青年参与社团的比较所折射出的政治现实，我们不得不承认这一严峻的危机，它像汪洋中的一叶扁舟，尽管暴风雨已经迫近，但掌舵的知识精英群体仍在冒险向西方靠近①。所以，面对知识精英的逆向，一方面可以通过各种渠道派遣、输入一批正向的知识分子融入香港，改变香港的知识精英格局，提升正向型知识精英的占比，至少可以在体量上先占据优势，值得注意的是香港对内地人员，尤其是内地精英群体的入境已经有较高的关注度，借道其他国家地区的输入或许更加容易被接受和认可。另一方面，在香港本土培养一批具有正气的知识分子，同时吸引、凝聚那些具有较大影响力且摇摆不定的知识精英，削弱逆向的力量，从而使逆向的扁舟回归到正常的前进轨道。在这个过程中，不可避免的是知识精英与知识精英之间的激烈碰撞，他们拼的往往是价值基础，而在这一方面，正义的一方并不能永远占据优势，这就需要中央强力的支持和配合，以期完成一次完美的精英“会战”。

（三）坚定不移地实施“一国两制”策略

香港是中国的一部分，香港的知识精英也是中国知识精英的一

---

① 谢素军：《穗港澳青年参与社会团体的比较研究》，《北京青年研究》2017 年第 3 期，第 94～103 页。

部分。相当一部分知识精英喜欢拿体制说事，并反复证明西方体制的优越性。针对这一涉及顶层设计的问题，最佳的答案便是民众在什么体制下会过得更好，在哪种体制下能够实现大多数人的最大幸福。很显然，香港的回归吸引了更多的资源投入，中央在宏观统筹上也将香港的发展作为重中之重予以倾斜，不仅允许香港财政独立，更在财政上予以了香港强有力的支持，使民众享受的福利随之上浮。据统计，仅内地的游客给香港带来的收入便已超过香港回归前旅游业收入的总和，一旦内地旅客减少，香港零售业便瞬间一片狼藉，而且这还仅仅是旅游一个行业而已。然而，这种基于民众福利水平提升的体制动摇了既有利益集团的地位，他们同样会在经济上实施疯狂的反扑，宣扬资源掠夺论，挑起民族内部矛盾，以期营造一种体制劣化的假象，而知识精英仍然是这一博弈的重要棋子。在这种复杂的情况之下，党中央唯有坚定不移地实施“一国两制”策略，继续推动民众福利水平提升，扫除发展的障碍和陷阱，做好打一场持久战的准备，才能最终取得胜利。

（四）持续严厉打击违法犯罪分子

香港的问题绝不可能简单地归于知识精英的内部矛盾，它很大程度上甚至主要是因为外部势力的干预。2017 年 5 月，美国大张旗鼓地发布《关于香港发展问题的评述》[①]，公然干预中国内政；2016 年 11 月，英国参议院公开接受香港激进分子乞求会面报告香

① 2017 年 5 月，美“国会与行政部门中国委员会”举行了题为“主权回归 20 周年，香港模式能否持续？”的听证会，对香港回归 20 年来落实“一国两制”的情况提出指责，并发布了干涉中国内政的《关于香港发展问题的评述》。

港的若干问题[①]；2017 年 4 月，仅仅是一场广州恒大与香港东方的足球赛，也有人组织嘘国歌、舞英国国旗等[②]。这些政治事件都充分体现了外部势力对香港仍虎视眈眈。一方面，西方势力毫不掩饰地在直接干预香港的发展方向，制造发展的矛盾；另一方面，西方势力暗地里通过对逆向的知识精英予以资金、渠道等方面的支持，不断制造香港的内部矛盾和摩擦事件，严重影响了香港正常的发展秩序。基于此，党中央和香港当局一方面向外要对西方势力予以有力的反击，采取相应措施予以制约乃至打击，掐断外部势力对香港利益集团的资源输送渠道；另一方面要采取严厉措施打击违法犯罪分子，不容意欲分裂国家之徒肆意妄为，维护香港平安有序的政治环境，逐步实现香港知识精英的政治正确。

五　结语

在政治变革过程中，知识精英发挥作用的主要方式是创造和运用象征来巩固或颠覆敌对精英的政治合法性。在精英阶层内部，政治变革表现为不同精英集团的互相博弈和争斗，知识精英在其中主要扮演先驱者的角色；对整个社会而言，政治变革则表现为精英与大众之间的合作与斗争，知识精英在其中主要扮演协调者的角色。政治变革中精英斗争具有两重性：一方面，出于维持精英统治的共性需要，精英主导下的政治变革往往是相对可控的和非颠覆性的；

---

① 2016 年 11 月，香港辱国候任议员游蕙祯在记者会上称已经写信给英国政府，称“中国政府违反《中英联合声明》，希望英国政府给予关注”，英国国会随后公开接见港独分子。

② 2017 年 4 月 25 日晚，亚冠小组赛广州恒大客场 6∶0 大胜香港东方，香港球迷在比赛现场展示了政治标语，或喊出涉及政治或种族的口号。

另一方面，精英集团的内部斗争也存在因某些集团自利性过度膨胀而失控的危险。

基于香港的政治生态，本文对知识精英在政治变革中所起作用的认识主要是负面的，但这并不意味着可以对其积极作用视而不见甚至是全盘否定。相反，我们应该把香港知识精英作为一面镜子，回过头来反思当下：不仅仅是香港，整个中国在持续经历了近一个世纪的传统与反传统之争后，仍然未能解决建构属于中国自己的现代理性政治社会的问题。在此时代背景下，只讲批判不考虑建设的"批判理论"是社会正常发展的大忌；而那些不顾大局，陶醉于自己"公共"身份的知识精英也注定不可能成为中国真正的脊梁[①]。仅有对今天现实的怀疑和满腹牢骚，却不肯、不能甚至不屑去思考未来的实际行动步骤，如果此风盛行，那么最终的结果只能是所有人都不知道该去怀疑什么，盲目的批判对攻除了给本来就缺乏秩序的社会带来新的无序景观之外，不会有任何实际作用。一旦不分青红皂白、一味怨天尤人成为一种影响到整个民族的言行习惯的话，中华民族便会失去她真正的自新精神，而她的所有成员，从精英到大众的前途也便黯然无光。古语有云："家有孝子，不绝其嗣；国有诤臣，不亡其国。"在笔者看来，当代的"诤臣"，不仅是要为国家政权这样一位"君主"建忠言，进良策，更是要让所有的社会集团和社会成员时时自警，这里面自然也包括了那些距离倒行逆施只有一步之遥的知识精英。为了使他们不致给自己和整个社会带来不必要的悲剧，在鲜花与掌声的海洋中还是需要有那么一点不太和谐的声音的，毕竟，今日批判的武器总要强过异日武器的批判。

① 陈章喜等：《香港青年国家认同研究》，《青年探索》2017 年第 3 期，第 96 ~ 102 页。

Study on the Group Attribute and Political Behavior of Hong Kong's Intellectual Elite

Xie Sujun

Abstract: Hong Kong's intellectual elite in the process of political change ACTS as an important outpost role, they are both professional and monopoly on knowledge resources, highly esteemed by community of interests, political attitude is most dependent and uncertainty. In the face of Hong Kong gradually from the reality of western political system, is still a symbol for vigorously promoting liberal, design of political events and violence, and through the monopoly platform control and guidance of public opinion, fiction's future development. For Hong Kong's austere political ecology, it can also respond positively to such dimensions as intellectual resources, elite queues, popular welfare and administrative law.

Keywords: Intellectual Elite; Hong Kong; Political Change; Consciousness

征稿启事

《当代港澳研究》是中山大学港澳珠江三角洲研究中心、中山大学粤港澳发展研究院共同主办的学术集刊，是内地第一本公开出版的港澳研究领域专业学术刊物，有重要的学术影响力。本刊旨在推动有关港澳政治、经济、法律和社会发展问题的学术研究，增进海内外学术同行的交流，为国内外港澳研究领域的专家学者提供一个发表学术创见、展开学术对话的重要平台。本刊于 2017 年进入 CSSCI 收录集刊目录。

本刊为综合类刊物，常设“港澳政治与法律”、“港澳经济”、“港澳社会文化”、“放眼世界”、“新书述评”和“优秀研究生论文”等栏目。用稿通过匿名评审制度选择，欢迎各方作者投稿（长期征稿）。

1. 征稿对象

经济学、社会学、管理学、政治学、法学、史学等各个领域研究当代港澳问题的海内外学者。

2. 征稿要求

（1）文稿思想健康，主题明确，层次清楚，数据准确、语言简练流畅；文稿应保证版权的独立性，无抄袭，重复率应控制在标准的范围内，署名排序无争议、文责自负。

（2）以研究型论文为主，字数在 8000～15000 字为宜。

（3）稿件内容包括：中文标题、摘要（300 字左右）、关键词（3 ~5 个）；英文标题、摘要、关键词；稿件如获基金项目资助，则须注明（包括项目编号）；作者有关信息，包括姓名、所在单位、职称、学历、主要研究方向、联系方式等，为匿名审稿的需要，请将个人信息全部放在与正文内容相独立的首页，并在正文中隐去所有与作者相关的信息。

（4）本刊对稿件有删改权。

3. 投稿方式

来稿电子版请注明“专投《当代港澳研究》”字样，并在文稿内注明投稿栏目、投稿主题。请以 Word 文档形式发至本刊编辑部指定电子邮箱 jshkmac@mail.sysu.edu.cn 。联系电话：020 - 84113236。

图书在版编目(CIP)数据

当代港澳研究.2019年.第2辑/陈广汉,黎熙元主编.-- 北京:社会科学文献出版社,2020.6
ISBN 978-7-5201-6453-5

Ⅰ.①当… Ⅱ.①陈… ②黎… Ⅲ.①香港-研究②澳门-研究 Ⅳ.①D676.58②D676.59

中国版本图书馆CIP数据核字(2020)第050312号

当代港澳研究(2019年第2辑)

主　　编/陈广汉　黎熙元

出 版 人/谢寿光
组稿编辑/任文武
责任编辑/张丽丽
文稿编辑/邵建双

出　　版/社会科学文献出版社·城市和绿色发展分社(010)59367143
地址:北京市北三环中路甲29号院华龙大厦　邮编:100029
网址:www.ssap.com.cn
发　　行/市场营销中心(010)59367081　59367083
印　　装/三河市东方印刷有限公司

规　　格/开　本:787mm×1092mm　1/16
印　张:12.75　字　数:150千字
版　　次/2020年6月第1版　2020年6月第1次印刷
书　　号/ISBN 978-7-5201-6453-5
定　　价/88.00元